ENQUETE-KOMMISSION
„SCHUTZ DES MENSCHEN UND DER UMWELT"
DES 13. DEUTSCHEN BUNDESTAGES

Konzept Nachhaltigkeit

Studienprogramm

Springer
Berlin
Heidelberg
New York
Barcelona
Budapest
Hongkong
London
Mailand
Paris
Santa Clara
Singapur
Tokio

Christian Hey
Ruggero Schleicher-Tappeser

Nachhaltigkeit trotz Globalisierung

Handlungsspielräume auf regionaler,
nationaler und europäischer Ebene

Springer

Herausgeber:

Enquete-Kommission
„Schutz des Menschen und der Umwelt"
des 13. Deutschen Bundestages
Bundeshaus
53113 Bonn

Autoren:

Christian Hey
Ruggero Schleicher-Tappeser
EURES
Institut für regionale Studien in Europa
Basler Straße 19
79100 Freiburg

ISBN 3-540-63868-7 Springer-Verlag Berlin Heidelberg New York

Die Deutsche Bibliothek – CIP-Einheitsaufnahme
Hey, Christian: Nachhaltigkeit trotz Globalisierung: Handlungsspielräume auf regionaler, nationaler und europäischer Ebene / Christian Hey; Ruggero Schleicher-Tappeser. – Berlin; Heidelberg; New York; Barcelona; Budapest; Hongkong; London; Mailand; Paris; Santa Clara; Singapur; Tokio: Springer, 1998
(Konzept Nachhaltigkeit)

Umschlaggestaltung: Erich Kirchner, Heidelberg
Datenkonvertierung: Marion Masson-Scheurer, 66424 Homburg

SPIN 10660933   30/3136-5 4 3 2 1 0 – Gedruckt auf säurefreiem Papier

Geleitwort

Die langfristige Sicherung der natürlichen Lebensgrundlagen, wirtschaftliche Stabilität und soziale Verträglichkeit bilden die drei Dimensionen, die das Leitbild der Nachhaltigkeit zu vereinbaren sucht. Dabei verlangt nachhaltige Entwicklung einen Richtungswechsel, wenn es zukünftig gelingen soll, nicht mehr vom Naturkapital selbst, sondern von den Zinsen zu leben. Die Idee, auch künftigen Generationen eine lebenswerte Umwelt zu hinterlassen, findet breite Zustimmung, doch über das Wie herrscht Unsicherheit.

Wie können die Ziele einer nachhaltigen Entwicklung gefunden werden, und wie sieht ein solcher Weg für Deutschland aus? Welche Voraussetzungen müssen Staat, Wirtschaft und Gesellschaft erfüllen, um die Weichen zu stellen?

Um diese komplexen Fragen zu beantworten, beauftragte die Enquete-Kommission »Schutz des Menschen und der Umwelt« Wissenschaftler und Forschungsinstitute mit der Aufarbeitung einzelner Themenbereiche:

- Nationaler Umweltplan
- Globalisierung und Nachhaltigkeit
- Institutionelle Reformen
- Umweltbewußtsein und -verhalten
- Risiko- und Technikakzeptanz
- Bauen und Wohnen
- Versauerung von Böden

Mit der Veröffentlichung ihres Studienprogramms unter dem Titel »Konzept Nachhaltigkeit« will die Enquete-Kommission die aktuellen Forschungsergebnisse Politik, Wissenschaft, Wirtschaft und nicht zuletzt einer interessierten Öffentlichkeit zur Verfügung stellen. Die in den Studien geäußerten Ansichten müssen nicht mit denen der Enquete-Kommission übereinstimmen. Ich hoffe, daß die Veröffentli-

chung dazu beiträgt, die Diskussion zu beleben, und daß sie Mut
macht zu weiteren Schritten in Richtung Nachhaltigkeit.

27. August 1997   Marion Caspers-Merk

Vorsitzende der Enquete-Kommission
»Schutz des Menschen und der Umwelt«

Inhaltsverzeichnis

Verzeichnis der Abbildungen

Verzeichnis der Tabellen

Zusammenfassung

Das vorliegende Essay ist den folgenden Fragen nachgegangen:

- Wie stellen sich die zu beobachtenden Tendenzen der Globalisierung dar, wenn man als Ausgangseinheit nicht die nationale Ebene, sondern die regionale oder die europäische Ebene wählt?
- Verschiedene ökonomische Theorieansätze versuchen die Globalisierungs-Triebkräfte für die Finanzmärkte, für die Warenmärkte, für die Direktinvestitionen und für die Arbeitsmärkte zu erklären. Was sagen sie uns für die regionale und die europäische Ebene?
- Welche politischen Gestaltungsmöglichkeiten ergeben sich auf der regionalen und auf der europäischen Ebene für eine Politik der Nachhaltigkeit? Was heißt dies für die Rolle der Politik auf nationaler Ebene?

Faßt man die empirischen Trends der internationalen Verflechtung von Handel, Direktinvestitionen und Internationalisierung der Finanzmärkte zusammen, so stellen sich diese weit weniger dramatisch dar als aus der dualistischen Perspektive Nationalstaat/ Weltmarkt. Vorwiegend handelt es sich bei der wachsenden internationalen Verflechtung bisher um eine "Kontinentalisierung" – für Deutschland damit um eine "Europäisierung". Der europäische Wirtschaftsraum ist so stark innenorientiert, daß er erhebliche soziale und umweltpolitische Nieveauunterschiede zum Rest der Welt-Ökonomie verkraften kann. Auch angesichts der Internationalisierung der Finanzmärkte sind erhebliche Spielräume vorhanden. Die dezidierte stabilitätspolitische Vorreiterrolle der deutschen Geldpolitik hat seit Anfang der neunziger Jahre zu einem spekulativen Attraktivitätsgewinn der DM beigetragen, der die Wirtschaft erheblich belastet und die Freiräume für eine umwelt- und arbeitsmarktpolitische Vorreiterrolle eingeschränkt hat.

Parallel zur Internationalisierung findet eine verstärkte Regionalisierung statt. Die Tendenzen der Regionalisierung sind mit Kategori-
en der Makroökonomie kaum zu fassen. Auch fehlen auf regionaler
Ebene geeignete Statistiken, um in Analogie zur Außenhandelsstatistik und zur Entwicklung der internationalen Direktinvestitionen
quantitative Aussagen machen zu können. Dennoch kann man einen
Bedeutungsgewinn von Regionen ausmachen: Regionale Zulieferver-
flechtungen und Milieus, die Intensivierung der Stadt-Umland-
Beziehungen, die Regionalisierungstendenzen in verschiedenen europäischen Staaten oder der Bedeutungsgewinn der "endogenen" Faktoren gegenüber einer außenbestimmten Regionalentwicklung in der
regionalökonomischen Diskussion sind wichtige Indikatoren hierfür.

Auf der Basis der Analyse verschiedener Theorieansätze kann man
festhalten, daß rein makroökonomische Betrachtungsweisen tendenziell zur Schlußfolgerung kommen, daß die politische Steuerungsfähigkeit in Zukunft abnehmen wird. Die so verfahrenden Autoren unterscheiden sich vor allem in der Bewertung: die einen begrüßen diese
Entwicklung, die anderen beklagen sie. Unter dem Gesichtspunkt der
Nachhaltigkeit sind das schlechte Aussichten. Umweltfragen, soziale
Gerechtigkeit, interregionale Ausgewogenheit drohen in der vorausgesagten Polarisierung und Internationalisierung an den Rand gedrängt zu werden.

Weit besser sehen die politischen Gestaltungsspielräume aus, wenn
mikroökonomische, soziologische und kulturelle Aspekte mit in die
Betrachtung einbezogen werden. Dann zeigt sich, daß auch global
operierende Wirtschaftsunternehmen unter Umständen auf besondere
lokale Bedingungen angewiesen sind. Es wird deutlich, daß die Politik für die Wirtschaft durchaus ein Verhandlungspartner mit einer
eigenen, starken Verhandlungsposition sein kann, wenn sie die Stärken oder Chancen ihrer Territorien nur wahrnimmt und entwickelt.
Das Konzept der Territorialisierung von Wirtschaftsaktivitäten kann
besonders hilfreich sein, um die tatsächlich vorhandenen Gestaltungsspielräume zu erkennen. Die besonderen Bedingungen des Wirtschaftens, die für Unternehmen interessant sein können, die attraktiven
Milieus, die innovativen Netzwerke, sie manifestieren sich vor allem
in regionalen Zusammenhängen. Handlungsspielräume für die Politik

bestehen somit vor allem da, wo sich die Möglichkeit bietet, unverwechselbare Qualitäten der Produktions- und Lebensbedingungen auf dem eigenen Territorium zu entwickeln, die von anderen Akteuren geschätzt und mitgestaltet werden. Netzwerke funktionieren nur dann, wenn alle Mitglieder überzeugt sind, daß ihnen die Teilhabe an den Netzwerken nutzt. Die Schaffung von Identitäten und gemeinsamen Leitbildern in regionalen Milieus, die die Idee der Nachhaltigkeit mittragen, wird damit zu einem wichtigen Element einer Politik der Nachhaltigkeit.

Beispielhaft für die verschiedenen Dimensionen der Nachhaltigkeit wurden die umweltpolitischen Handlungsspielräume näher untersucht. Sie lassen sich wie folgt zusammenfassen:

■ Auf der regionalen Ebene bietet die Einbindung einzelner Unternehmen in regionale Produktionsmilieus auch die Chance ihrer ökologischen Ausrichtung. Der entscheidende Erfolgsfaktor hierfür ist eine ausgeprägte regionale Identität, die der Umwelt einen hohen Stellenwert beimißt. Außerdem bietet die regionale Infrastrukturpolitik erhebliche Chancen für eine umweltgerechte Ausgestaltung.

■ Auf der nationalen Ebene lassen sich zahlreiche wirtschafts- und europaverträgliche Maßnahmen immer noch im Alleingang durchführen. Der ökonomische Nutzen der bisherigen Umweltpolitik überwog bisher eindeutig die kaum bezifferbaren Schäden. Die Freiräume sind in der anlagenbezogenen Umweltpolitik wesentlich größer als in der Produktpolitik, bei der die Verhältnismäßigkeit der Maßnahmen nachgewiesen werden muß. Sie existieren auch bei der Einführung von Ökosteuern – wie der reiche Erfahrungsschatz benachbarter Länder zeigt. Auch wenn flexible Lösungen für besonders betroffene Industrien gefunden werden müssen, so ist dies kein überzeugendes Argument gegen eine nationale Vorreiter-(oder realistischer: schnelle Aufholer-)rolle.

■ Auch auf der europäischen Ebene sind die Chancen für eine "Politik der Nachhaltigkeit" vorhanden. Mit dem 5. Umweltaktionsprogramm besteht ein offizieller programmatischer Referenzpunkt. Wichtige Impulse müssen jedoch mindestens aus einem

großen Mitgliedsland kommen, das bereit ist, seine ökonomischen
Ressourcen, sein politisches Prestige, seine Expertise und seinen
Erfahrungsschatz in eine aktive Umweltaußenpolitik zu investie-
ren. Dies geschieht nur, wenn dieses Land daran ein vitales Interesse entwickelt. Dieses setzt aber erfolgreiche Erfahrungen im Inland voraus. Eine dynamische europäische Umweltpolitik ist also
in einem ersten Schritt nicht Voraussetzung, sondern Folge einer
dynamischen nationalen Umweltpolitik. Erst in einer zweiten Phase erlaubt eine europäische Einigung auf hohem Niveau, wiederum national weiter voranzugehen.

Das Zusammenspiel dieser verschiedenen politischen Ebenen muß in
Zukunft mehr und mehr als Verhandlungssystem betrachtet werden.
Subsidiarität ist also nicht als starre Abgrenzung von Kompetenzen
oder gar als Synonym für Renationalisierung mißzuverstehen.
Grundlage dieses Verhandlungssystems sollten aber klar definierte
Kernbereiche für die jeweiligen Ebenen sein. Vor dem Hintergrund
der Internationalisierung wird Politik auch zunehmend mit nichtterri-
torialen Partnern zu tun haben. Ein Abschied vom klassischen Konzept hoheitlicher, stark nationaler Politik scheint damit unvermeidlich.
Politik wird sich in Zukunft viel stärker als bisher als territoriale In-
teressensvertretung in einem komplexen Verhandlungsgefüge verstehen müssen, das von der lokalen bis zur globalen Ebene reicht. Der
Bundestag muß in dieser Sichtweise ein neues Selbstverständnis suchen und seine Rolle als aktiver Verhandlungspartner im verhandeln-
den Mehrebenensystem aktiv vorantreiben.

Acht Thesen

präsentiert während der Sitzung der Enquete-Kommission "Mensch und Umwelt" am 2.12.1996

1. Die augenblickliche Globalisierungsdiskussion mit ihrer Gegenüberstellung von Nationalstaat und Weltmarkt ist sachlich irreführend. Sie verstellt den Blick auf Gestaltungsspielräume. Eine Politik der Nachhaltigkeit muß sich vor dieser Perspektive der Hilflosigkeit hüten.

2. Eine andere Sicht auf die Fakten zeigt, daß wir es vor allem mit einer "Europäisierung" und gleichzeitig mit einer "Regionalisierung" der Ökonomie zu tun haben. Das eröffnet beachtliche, bislang kaum genutzte ökonomisch-politische Gestaltungsspielräume.

3. Theoretische Erklärungsansätze eröffnen umso mehr Handlungsperspektiven, je mehr sie im Sinne der Nachhaltigkeit nicht nur ökonomische, sondern auch sozio-kulturelle, ökologische und politische Aspekte mit einbeziehen. Insbesondere auf der Mikroebene läßt sich die territoriale Bindung wirtschaftlicher Aktivitäten verstehen.

4. Auch makroökonomische Betrachtungen lassen Spielräume erkennen. So sind etwa die beträchtlichen ökonomischen Folgekosten der DM-Aufwertung nicht nur auf die Internationalisierung der Finanzmärkte, sondern auch auf die stabilitätspolitische Vorreiterrolle der Bundesbank zurückzuführen.

5. Ökonomische, politische und umweltpolitische Entwicklungen tragen zu einer Aufwertung der regionalen Handlungsebene für eine Politik der Nachhaltigkeit bei.

6. Eine nationale Vorreiterrolle muß in dynamischer Weise als Beitrag und Voraussetzung für eine Dynamisierung der internationalen Umweltpolitik gesehen werden.

7. Die europäische Union bietet institutionell – insbesondere im Vergleich zu anderen internationalen Vereinbarungen – gute Chancen für ein "neues europäisches Entwicklungsmodell" (Delors 1993), wenn sie von einer Allianz fortschrittlicher Länder aktiv genutzt werden.

8. Handlungsspielräume für einer nachhaltigen Entwicklung lassen sich nicht statisch durch eine juristische oder ökonomische Betrachtung ermitteln, sondern sind Ergebnis dynamischer Verhandlungsprozesse.

Ist die Frage richtig gestellt?

"Auswirkungen der Trends und Triebkräfte der Globalisierung auf eine nationale Politik der Nachhaltigkeit" heißt der vorgegebene Titel unserer Untersuchung.[1] Diese Themenstellung hat uns herausgefordert, denn die scheinbar einleuchtende Formulierung muß unseres Erachtens sehr vorsichtig hinterfragt werden. Sie könnte vorschnell zu einer einfachen Gegenüberstellung der globalen und der nationalen Ebene verleiten, und genau diese Gegenüberstellung, so meinen wir, droht die gegenwärtige Debatte um politische Gestaltungsspielräume auf gefährliche Weise zu verengen. Globalisierung ist zu einem Modewort geworden. Die breite öffentliche Diskussion hierzu schürt Ängste und weckt schnelle Assoziationen.

Politik findet in Deutschland in den letzten Jahren unter dem Vorzeichen der "Standortdebatte" statt. Dies ist für die exportorientierte Bundesrepublik Deutschland nichts Neues (siehe z.B. die Diskussion um das 'Modell Deutschland' in den siebziger Jahren). Dennoch haben sich seit der Wiedervereinigung und insbesondere seit der Rezession 1993 die Ängste um den Standort Deutschland spürbar verstärkt. Die Bundesregierung begründet eine Reihe von umwelt- und sozialpolitisch umstrittenen Maßnahmen mit der Notwendigkeit der Standortsicherung: Die Beschleunigung öffentlicher Infrastrukturinvestitionen, die Erleichterung privater Investitionen durch die Vereinfachung des Genehmigungsrechts, die Senkung der Lohnnebenkosten durch sozialpolitische Reformen, die Eindämmung der wachsenden Staatsquote und eine steuerliche Entlastung oberer und mittlerer Einkommen stehen im Mittelpunkt einer politischen Strategie, die auf die Attraktivitätssteigerung des Produktionsstandortes abzielt. Die Sozial-

---

[1] Den Hauptauftrag zu dieser Themenstellung bearbeitet das Institut für Ökologische Wirtschaftsforschung, Berlin. Unser hier vorliegender Beitrag soll lediglich einige Aspekte pointiert herausarbeiten, er erhebt keinen Anspruch auf eine vollständige Bearbeitung des Themas und hat eher essayistischen Charakter.

politik befindet sich in der Defensive. Die Modernisierung der Umweltpolitik kommt nicht voran. Zu Sparprogrammen scheint es keine
Alternative zu geben. Es scheint in der öffentlichen und veröffentlich-
ten Meinung einen parteiübergreifenden Konsens darüber zu geben,
daß die Globalisierung der Ökonomie den Standort Deutschland vor
erhebliche Anpassungszwänge stellt. Eine politische Gestaltung, die
den internationalen Märkten zuwiderläuft, scheint nicht mehr möglich
zu sein. Kostenintensive Reformen werden sich unter den Imperativen
der Globalisierung sträflich rächen. Die Zeichen der Zeit hat erkannt,
wer es den "globalen Märkten" recht macht.

Diese Meinung muß man nicht zwingend teilen. Der Ökonom Paul
Krugman schrieb 1994 in der Zeitschrift Foreign Affairs:[2] *"Die Vorstellung, daß das wirtschaftliche Wohlergehen eines Landes in gro-
ßem Maße von seinem Erfolg auf den Weltmärkten abhängt, ist eine
Hypothese, keine zwingende Wahrheit; und aus praktisch-
empirischer Sicht ist diese Hypothese schlicht falsch. Das heißt: Es
trifft einfach nicht zu, daß die international führenden Nationen in
einem Maße in wirtschaftlicher Konkurrenz zueinander stehen, das
irgendwie von Bedeutung wäre, oder daß irgendeines ihrer wesentlichen wirtschaftlichen Probleme auf das Versagen auf den Weltmärkten zurückzuführen wäre. Die in den meisten hochentwickelten Ländern immer mehr ausgreifende fixe Idee, international wettbewerbsfähig sein zu müssen, sollte man nicht als eine wohlbegründete Sorge,
sondern als eine Auffassung betrachten, die trotz überwältigender
Gegenbeweise aufrechterhalten wird."* Selbst wenn diese Hypothese,
wie Krugman behauptet, tatsächlich falsch sein sollte,[3] so ist sie doch
wirkungsvoll. Der Glaube an die Hypothese schafft selbst Trends. Es
gilt also, besonders vorsichtig zu sein.

Wir sind der Ansicht, daß der eingängigen Wettbewerbsrhetorik
eine Perspektive zugrundeliegt, die irreführend ist. Tatsächlich lassen

---

[2] Als deutsche Übersetzung erschienen: Krugman 1996.
[3] Krugman zieht grundsätzlich in Zweifel, daß der Begriff der Wettbewerbsfähigkeit
auf Nationalstaaten anwendbar ist, weist auf die grundlegenden Unterschiede zwischen
Nationen und Firmen hin und weist nach, daß die in der Öffentlichkeit genannten
Zahlen häufig falsch und irreführend sind. Wir wollen im folgenden noch öfters auf
diese Argumentation zurückkommen.

sich Zahlen anführen, die belegen, daß die Abhängigkeit der nationalen Wirtschaften vom internationalen Geschehen zugenommen hat. Die dualistische Gegenüberstellung von Nationalstaat und Weltmarkt jedoch verstellt den Blick. Die einfache Gegenüberstellung: hier wir – dort die ganze Welt, verbunden mit einer Kampf-, Durchhalte- und Verzichtsrethorik, appelliert an elementare Reflexe, ist historisch bewährt und läßt sich vorzüglich für mancherlei Interessenpolitik mißbrauchen. Die real stattfindende Politik nimmt die weltweiten Verhältnisse seit Jahrzehnten viel differenzierter wahr und hat vielfältige Institutionen entwickelt, um diesem verhängnisvollen Dualismus zu entgehen.

Es ist nicht zu leugnen, daß angesichts zunehmender internationaler Verflechtungen die herkömmliche Steuerungsfähigkeit nationalstaatlicher Politik abnimmt. Alte Rezepte werden in neuen Zusammenhängen wirkungslos. In der Analyse sind sich die meisten Beobachter einig, daß die Globalisierungstendenzen zu einem Souveränitätsverlust der Nationalstaaten geführt haben. Die "global players" der transnationalen Unternehmen gewinnen an Gestaltungsmacht. Zu wesentlichen Fragen, die bisher Gegenstand politischer Debatten waren, scheint es keine wirklichen Alternativen mehr zu geben. Aus der linken Tradition stammende Beobachter sprechen von der "Misere der Politik"[4] oder der "Gefangennahme in der Weltökonomie",[5] neoliberale Kräfte begrüßen eine abnehmende Bedeutung der Rolle des Staates. Bang stellen sich viele die Frage, ob eine nachhaltige Entwicklung unter diesen Umständen eine Chance hat, ob Politik noch imstande ist, das Nötige durchzusetzen.

Unseres Erachtens befinden wir uns in einem Umbruch, der tatsächlich bewährte Rezepte unbrauchbar macht. Doch stellt sich die Frage, ob die Politik – gerade auch im Hinblick auf das langsam Gestalt annehmende Konzept der Nachhaltigkeit – nicht auch neue Gestaltungsmögichkeiten gewinnen könnte.

Wir wollen in der vorliegenden Arbeit einen anderen Blickwinkel als den der dualistischen Gegenüberstellung von Nationalstaat und

---

[4] Narr/ Schubert 1994.
[5] Altvater 1994: 519.

Weltmarkt einnehmen. Wir wollen zeigen, daß das Einbeziehen der europäischen und der regionalen Ebene die Sicht der Dinge drastisch verändert.

Immerhin ist die Politik in Europa seit vierzig Jahren dabei, als Antwort auf die wachsende Bedeutung internationaler Beziehungen gemeinsame europäische Institutionen zu entwickeln. Mit seinem Buch "Die amerikanische Herausforderung" machte der französische Journalist Jean-Jacques Servan-Schreiber schon Ende der sechziger Jahren Furore. Europa-Rhetorik steht heute in der Öffentlichkeit unvermittelt neben neuem national-wirtschaftlichem Pathos. Die Skepsis einiger Autoren scheint sich zu bestätigen, daß die Europäische Union in den Augen einer breiten Öffentlichkeit eine Schönwetterveranstaltung geblieben ist.[6] Unseres Erachtens ist die Europäische Union weniger ein Teil des Problems der Internationalisierung, wie sie von manchen wahrgenommen wird, als möglicherweise ein wesentlicher Teil seiner Lösung.

Auf der anderen Seite erleben wir, daß die regionale Ebene seit zwanzig Jahren auf zunehmendes Interesse stößt, daß trotz aller Internationalisierung hier neue Orientierungspunkte, innovative Kräfte, verantwortliche Akteure mit Gemeinsinn und Gestaltungsspielräume entdeckt wurden, die mit den Kategorien der Makroökonomie nicht zu erklären sind. Gerade in der Diskussion um das Konzept der Nachhaltigen Entwicklung hat sich gezeigt, daß von der regionalen Ebene eine besondere Dynamik für die Umgestaltung unserer Wirtschaftsweise ausgeht.

Wir vermuten, daß in einer vielfach vernetzten Welt die Politik neue Steuerungsformen entwickeln muß, um sich neue Gestaltungsspielräume zu eröffnen. Es wird anders als bisher notwendig sein, sich in Netzwerken auf verschiedenen Ebenen zu bewegen, mit global und lokal agierenden Partnern zu verhandeln und dabei die eigene Gestaltungsmacht nicht zu unterschätzen. Politik auf der nationalen Ebene wird unseres Erachtens nach wie vor eine zentrale Rolle spielen, sie wird diese aber nur dann wirkungsvoll ausfüllen können, wenn sie

---

[6] Vgl. Weidenfeld/ Turek 1996.

sich im Sinne des Prinzips der Subsidiarität aktiv der Vernetzung verschiedener Ebenen widmet.

Unter der hier skizzierten Perspektive wird das vorliegende Essay den folgenden Fragen nachgehen:

- Wie stellen sich die zu beobachtenden Tendenzen der Globalisierung dar, wenn man als Ausgangseinheit nicht die nationale Ebene, sondern die regionale oder die europäische Ebene wählt? Sind die Tendenzen weniger dramatisch? Ergeben sich andere Schwerpunkte?

- Verschiedene ökonomische Theorieansätze versuchen die Globalisierungs-Triebkräfte für die Finanzmärkte, für die Warenmärkte, für die Direktinvestitionen und für die Arbeitsmärkte zu erklären. Was sagen sie uns für die regionale und die europäische Ebene?

- Welche politischen Gestaltungsmöglichkeiten ergeben sich hieraus auf der regionalen und auf der europäischen Ebene? Was heißt dies für die Rolle der Politik auf nationaler Ebene? Können wir hier neue Steuerungsmöglichkeiten gewinnen, anstatt nur den Verlust der alten zu beklagen? Welche Gestaltungsspielräume bieten sich für die Förderung einer nachhaltigen Entwicklung?

Begriffsklärungen

Globalisierung und Nachhaltigkeit sind die zentralen Begriffe unseres Themas. Sie sind in den letzten Jahren zum Bestandteil der öffentlichen Debatte geworden. Ihre unterschiedliche und pauschale Verwendung trägt zur Verwirrung bei. Sicherlich lassen sich unterschiedliche sinnvolle Definitionen dafür finden. Um der Klarheit willen wollen wir hier kurz – und vorläufig – festlegen, was wir in der vorliegenden Arbeit darunter verstehen wollen.

Nachhaltigkeit

Der Begriff der Sustainability oder Nachhaltigkeit hat in den letzten Jahren eine bemerkenswerte Karriere gemacht. In der breiten internationalen Debatte ist er erst seit etwa 1980 aufgetaucht. Er ist nicht nur ein wissenschaftlicher, sondern auch ein sehr politischer Begriff, dessen Definition kontrovers diskutiert wird. Hoffnungen, daß aus dem Konzept der Nachhaltigkeit eindeutige Regeln und Normen abgeleitet werden können, halten wir für abwegig. Vielmehr scheint uns Nachhaltigkeit je länger je deutlicher für eine neue Sicht der Dinge zu stehen, die sich in den letzten Jahrzehnten entwickelt hat und langsam Konturen annimmt. Nachhaltigkeit impliziert normative Vorstellungen, ist jedoch eine Leitvorstellung, die nicht einfach in Verhaltensvorschriften umgesetzt werden kann.[7] Homann[8] schreibt zutreffend: *"Es gibt bisher keine zureichende Definition von Sustainability. Es kann sie auch nicht geben, weil die Suche danach schon verfehlt ist. Was Sustainability ist, bzw. was sinnvoll darunter verstanden werden kann, werden wir erst am Ende eines jahrzehntelangen Such-, Lern-*

---

[7] Schleicher-Tappeser/ Strati/ Thierstein/ Walser 1996.
[8] Homann 1996, S. 6.

und Erfahrungsprozesses genauer, wenn auch nie definitiv wissen. Ebensowenig, wie ein Arzt vor Beginn der Therapie eine operationale Definition von Gesundheit braucht, ebensowenig ist eine operationale Definition von Sustainability Voraussetzung von Politik". Vielmehr ist Nachhaltigkeit eine "regulative Idee"[9] intuitiver Art wie Wohlstand, Freiheit etc., die in der jeweils konkreten Situation konkret interpretiert werden muß. Zur konkreten Orientierung können wir lediglich Verfahren entwickeln, in denen nach vorgeschriebenen Gesichtspunkten Abwägungen vorgenommen werden. Die Schwierigkeiten, hier zu verbindlichen Aussagen zu gelangen, läßt sich erahnen, wenn wir daran denken, wie lange es gebraucht hat, Rechtssysteme zu entwickeln, die es erlauben, mit eigens geschaffenen Institutionen in geregelten Verfahren jeweils konkret zu interpretieren, was in einer bestimmten Situation "Gerechtigkeit" oder "Freiheit" bedeutet.

Über die wesentlichen Komponenten des Konzepts der Sustainability nähern sich jedoch die verschiedenen Standpunkte an. Wir glauben, daß wir uns auf einen breiten Konsens stützen können, wenn wir für die folgende Untersuchung zunächst die folgenden Elemente als wesentlich für das Konzept der Nachhaltigkeit annehmen:

- Umwelt
- Wirtschaft
- Kultur
- Soziale Gerechtigkeit
- Räumliche Ausgewogenheit
- Inter-generationale Gerechtigkeit

In der gegenwärtigen Debatte ist die "Globalisierung" vorwiegend angstbesetzt. Vor diesem Hintergrund lassen sich die Elemente der Nachhaltigkeit anschaulich durch die öffentlich diskutierten Befürchtungen illustrieren, die das Schreckgespenst Globalisierung in verschiedener Hinsicht weckt:

- Ist zu befürchten, daß unsere Umweltqualität abnimmt, weil die weltweite Konkurrenz wirksame Normen und Vorschriften unmöglich macht?

---

[9] Vgl. Homann 1996, Kant 1910ff (1787) Bd. 3, 428ff, zitiert nach Homann.

- Ist zu befürchten, daß unser Wohlstand abnimmt, weil in anderen Erdteilen harte Konkurrenten aufgetaucht sind?
- Ist zu befürchten, daß sich unsere kulturellen Eigenheiten verlieren, weil Geschmack und Gewohnheiten durch weltweit operierende Firmen und Medien homogenisiert werden?
- Ist zu befürchten, daß die sozialen Unterschiede bei uns zunehmen, da weniger qualifizierte Arbeitskräfte mit Millionen Arbeitswilligen in Niedriglohnländern konkurrieren müssen?
- Ist zu befürchten, daß die Unterschiede zwischen verschiedenen Regionen in Deutschland und in Europa größer werden, da ihre Wettbewerbsfähigkeit auf dem Weltmarkt sehr unterschiedlich ist?
- Ist zu befürchten, daß Zukunftsaufgaben vernachlässigt werden, weil der weltweite Konkurrenzkampf zu kurzfristigem Denken zwingt?

Daß viele dieser Fragen in mancher Hinsicht berechtigt, aber vielleicht falsch gestellt sind, wird sich aus den folgenden Ausführungen ergeben.

Globalisierung/ Internationalisierung

Internationalisierung oder Globalisierung bedeutet zunächst ganz einfach eine Intensivierung von internationalen oder globalen wechselseitigen Verflechtungen. Dabei lassen sich die drei Dimensionen unterscheiden, die auch in der Nachhaltigkeitsdebatte eine Rolle spielen: Umwelt, Wirtschaft und Kultur. In allen drei Dimensionen haben die weltweiten Verflechtungen in den letzten Jahren beschleunigt zugenommen.[10] Mit der Globalisierung gehen "Entkoppelungstendenzen" (Giddens 1995) aus räumlichen, normativen und sozialen Zusammenhängen einher. Damit verschieben sich die Machtverhältnisse zwischen den international mobilen und den standortgebundenen Akteuren. Gleichzeitig nehmen fernräumliche Abhängigkeiten zu.

---

[10] Siehe auch Krätke 1995.

Durch die Intensivierung menschlicher Aktivitäten und die Verwendung von Techniken mit hohem Gefahrenpotential haben die internationalen und globalen <u>Umweltprobleme</u> an Bedeutung gewonnen. Viele von ihnen lassen sich nicht mehr auf lokaler oder nationaler Ebene angehen, eine internationale Zusammenarbeit scheint zwingend. Als Beispiele seien hier nur das globale Klimaproblem und das Risiko nuklearer Unfälle (Tschernobyl) genannt. Durch die Internationalisierung der Wirtschaft sind weitere internationale Umweltprobleme hinzugekommen, z.B. Handel mit umweltbelastenden Produkten, Verlagerung umweltbelastender Produktionen oder Müllexporte.

Der Bereich der <u>Wirtschaft</u> ist derjenige, in dem die internationalen und globalen Interdependenzen zur Zeit am intensivsten diskutiert werden. Moderne Informations- und Kommunikationstechniken sowie Verkehrstechniken haben Möglichkeiten zur internationalen Vernetzung geschaffen, die vorher undenkbar waren. Internationale Abkommen haben die Barrieren für die freie Bewegung von Waren, Kapital und Arbeitskräften deutlich gesenkt. Bezüglich der Internationalisierung der Wirtschaft sind drei Bereiche deutlich zu unterscheiden:

- die Internationalisierung der Handelsbeziehungen,
- die Internationalisierung der Produktion (Direktinvestitionen),
- die Internationalisierung der Finanzmärkte.

Alle drei stehen miteinander in noch zu erklärenden engen Zusammenhängen.

Auch im Bereich der <u>Kultur</u> lassen sich Tendenzen der Internationalisierung und Globalisierung festellen. Internationale Medien und international operierende Firmen tragen zu einer internationalen Homogenisierung des Geschmacks und der Gewohnheiten bei. "Amerikanisierung", "Verwestlichung" sind Schlagworte, die die Angst vor dem Verlust der eigenen kulturellen Identität ausdrücken. In den jüngsten GATT-Runde führte die Frage, wie Kulturgüter im Welthandel behandelt werden sollen, zu heftigen Kontroversen, insbesondere zwischen Frankreich und den USA. Offensichtlich gibt es auch Gegentendenzen zur vielfach kritisierten "Homogenisierung" der Weltkultur.

In allen drei Zusammenhängen (Umwelt, Wirtschaft, Kultur) spielt offenbar die Internationalisierung der Wirtschaft eine treibende Rolle. Die Frage, ob Politik angesichts der Tendenzen zur Internationalisierung an Gestaltungsmöglichkeiten verliert, muß daher vor allem in Hinblick auf die wirtschaftliche Internationalisierung geklärt werden.

Ein anderer Blick auf die Trends

Um das Ausmaß der internationalen Verflechtungen einschätzen zu können, sollen zunächst die Entwicklungstrends auf den Waren-, Kapital- und Finanzmärkten skizziert werden. Vier Perspektiven werden dabei eingenommen: die der Weltwirtschaft, eine europäische, eine nationale und die regionale.

Kontinentalisierung

Wir haben bisher vorsichtig eher von Internationalisierung als von Globalisierung der Wirtschaft gesprochen. Das hat seinen Grund. Denn eine genauere Betrachtung der Daten ergibt, daß die Internationalisierung der Wirtschaft durchaus nicht den ganzen Globus umfaßt. Es zeigt sich, daß es zwar auch Globalisierungstendenzen gibt, daß die Internationalisierung aber bisher vor allem eine "Kontinentalisierung" ist.

Die Triade hat an weltwirtschaftlichem Gewicht gewonnen

In den letzten Jahren hat tatsächlich eine beträchtliche Zunahme der internationalen wirtschaftlichen Verflechtungen stattgefunden: Sowohl der Handel als auch die Direktinvestitionen sind wesentlich schneller gestiegen als das Weltsozialprodukt.[11] Allerdings hat sich die internationale Verflechtung sowohl hinsichtlich des Handels als auch hinsichtlich der Direktinvestitionen vor allem zwischen den führenden Industrieländern (EU, USA/ Kanada, Japan) intensiviert. Sogenannte Niedriglohnländer konnten zwar beim Export von Fer-

---

[11] Stiftung Entwicklung und Frieden 1995: 159f.

tigwaren erhebliche Erfolge verzeichnen, insgesamt hat sich aber das Gewicht zwischen den Industrieländern und den sogenannten Entwicklungsländern[12] in der Weltwirtschaft in den letzten Jahren nicht wesentlich verschoben. Dies können die folgenden Zahlen belegen.

Im internationalen Handel betrug der Anteil der EU an den Weltexporten 1994 40,6%. Gegenüber 1980 konnte die EU ihren Weltmarktanteil leicht von 37,2 auf 40,6% verbessern. Japan konnte seinen Anteil in dieser Periode von 6,4 auf 9,7% verbessern, ebenso Nordamerika (von 14,5 auf 16,6%). Insgesamt verbesserte sich der Weltmarktanteil der drei bedeutsamsten Industrieregionen von 58,1 auf 66,9% zwischen 1980 und 1994.[13] Allerdings ist der Handel zwischen diesen drei Regionen nicht übermäßig bedeutsam (siehe unten für Westeuropa).

Man kann also nicht von einer generellen Verschiebung des Welthandels und damit auch der Verlagerung der Industrieproduktion von den Industrieländern in andere Regionen der Welt sprechen. Vielmehr läßt sich ein Trend der wachsenden wirtschaftlichen Verflechtung jeweils innerhalb der drei großen Wirtschaftsregionen beobachten.[14]

Nicht nur hier, sondern ganz allgemein zeigt ein Blick auf die internationalen Verflechtungen beim Handel und den Direktinvestitionen, daß diese zwischen Ländern von ähnlichem Entwicklungsniveau am intensivsten sind. Offensichtlich sind Kostenunterschiede (und damit verbundene unterschiedliche Verfügbarkeit bestimmter Produktionsfaktoren) nicht das wichtigste Motiv außenwirtschaftlicher Verflechtung. Die modernere Außenhandelstheorie[15] nimmt die Geschmacks- und damit Produktdifferenzierung als wichtige Triebfeder an. Französischer Wein wird nicht gekauft, weil es keinen deutschen

---

[12] Der Sammelbegriff "Entwicklungsländer", der in der Nord-Süd-Diskussion der siebziger Jahre und in der Entwicklungstheorie verwendet wurde, ist angesichts der Differenzierungsprozesse in Nord und Süd sicherlich überholt, ebenso wie der der "Dritten Welt" oder anderer Abgrenzungsversuche zwischen den (nicht mehr so ganz) industrialisierten, relativ reichen Ländern, die sich in der OECD zusammengeschlossen haben, und den anderen Ländern. Die Argumentation folgt aus pragmatischen Gründen den Abgrenzungen der zitierten statistischen Quellen.
[13] WTO 1995: 38.
[14] Borrmann/ Koopman 1994; Elsenhans 1992: 250; Brand 1995: 45; Menzel 1995; Stiftung Entwicklung und Frieden 1995; Härtel u.a. 1995.
[15] Dazu zusammenfassend: Rose 1993: 539; siehe insbesondere auch: Krugman 1990.

gäbe, oder weil er billiger ist, sondern weil er anders schmeckt und mit einer bestimmten Eßkultur verbunden wird. Dies gilt auch für den Kauf deutscher Autos in Frankreich: Design, Service, Kundenbetreuung, zahlreiche Qualitätseigenschaften spielen neben dem Kaufpreis eine Rolle. Zwischen ähnlich entwickelten Volkswirtschaften, d.h. auch mit vergleichbarem Einkommensniveau und vergleichbaren Produktionsbedingungen, entfaltet sich dieser Trend zur Geschmacksdifferenzierung am ehesten.

Allerdings kann man durchaus einen doppelten Strukturwandel beobachten. Die Exportstruktur der sogenannten Entwicklungsländer hat sich radikal verschoben: von Rohstoffexporten zu Fertigwaren. Der Anteil von Industriewaren an den Exporten der sog. Entwicklungsländer hat sich von 20% in 1970 auf mittlerweile 60% erhöht.[16] Gleichzeitig steigt damit ihr Anteil an der Fertigwarenproduktion der Industrieländer von 3 auf 12%.[17] Die gesamten Exporte aus sog. Entwicklungsländern erreichen aber nur einen Anteil von 3,77% des Bruttosozialprodukts der OECD.[18] Trotz dieser niedrigen Wertanteile wird vermutet, daß ca. 20% der Arbeitslosen (d.h. ca. 2% der Arbeitsplätze) in den OECD-Ländern,[19] vor allem in den weniger qualifizierten Bereichen, auf diese Strukturverschiebungen der internationalen Arbeitsteilung zurückzuführen sind.[20] Bedeutsamer dürften darüber hinaus die weiter unten dargestellten Disziplinierungswirkungen auf die Lohnentwicklung gewesen sein.

Hauptprofiteure dieser Entwicklung sind die neuen (süd-) ostasiatischen "Schwellenländer", angeführt von Südkorea, Taiwan und den Stadtstaaten Singapur, Hongkong, gefolgt von anderen Ländern wie Thailand, Malaysia oder Indonesien. Diese ASEAN-Staaten konnten ihren Weltexportanteil von 3,5% auf 6,4% zwischen 1980

---

[16] Stiftung Entwicklung und Frieden 1995: 169.
[17] ibid.
[18] Stiftung Entwicklung und Frieden 1995:169.
[19] ibid.:170.
[20] Der Anteil der durch die Strukturverschiebungen betroffenen Arbeitsplätze ist höher, als der Anteil des Warenwertes. Dies ergibt sich daraus, daß die Entlohnung in niedrig qualifizierten Bereichenwesentlich niedriger ist, damit je Werteinheit wesentlich mehr Arbeitszeit aufgebracht werden muß als im Durchschnitt der Volkswirtschaft.

und 1994 fast verdoppeln.[21] Dagegen verloren oder stagnierten andere potentielle Niedriglohnstandorte. Besonders drastisch waren die Einbrüche in Osteuropa; aber auch Lateinamerika stagnierte in den letzten 15 Jahren.[22]

Handels- und Direktinvestitionsströme sind eng miteinander gekoppelt. Direktinvestitionen folgen dem Handel, um neue Märkte zu erobern oder zu halten. Der Handel folgt aber auch den Direktinvestitionen, da mit Auslandsinvestitionen zumeist ein erheblicher Zulieferbedarf aus dem Ursprungsland entsteht, auch wenn sich dieser in jüngster Zeit abschwächt.[23]

So verwundert es nicht, daß auch die Direktinvestitionsströme schwerpunktmäßig zwischen den ähnlich entwickelten Industrieländern verlaufen. Nur 10% der weltweiten Direktinvestitionen flossen 1990 in die sog. Entwicklungsländer, 90% fanden innerhalb der Industrieländer statt.[24] Hinsichtlich des investierten Kapitalbestandes ist das Gefälle weniger kraß, aber doch sehr deutlich: 76% in den Industrieländern und 23% in den Entwicklungsländern im Jahr 1993.[25] Die Trends zwischen 1985 und 1994 sind nicht eindeutig, sondern zyklisch: Die Direktinvestitionen stiegen in der zweiten Hälfte der achtziger Jahre primär zwischen den Industrieländern und in der ersten Hälfte der neunziger Jahre eher in den sog. Entwicklungsländern (vgl.). Dies wird auf die Rezession in den Industrieländern zurückgeführt.[26]

Es läßt sich somit festhalten, daß die sogenannte Globalisierung beim Handel und den Direktinvestitionen primär zwischen entwickelten Industrieländern stattfindet. Wie weiter unten argumentiert wird, erweitert diese Tatsache die Handlungsmöglichkeiten für eine koordinierte Umweltpolitik erheblich.

Auf der Ebene der Finanzkapitalbewegungen ist eine räumlich differenzierte statistische Erfassung wesentlich schwerer. Finanzkapital

---

[21] WTO 1995: 38.
[22] ibd.
[23] Vgl. Jungnickel 1996.
[24] Stiftung Entwicklung und Frieden 1995:192; 161.
[25] ibid.
[26] ibid.

ist deutlich weniger standortgebunden und wesentlich mobiler als die Produktion und Direktinvestitionen. Es gibt in allen Weltregionen bedeutsame Standorte für die internationalen Finanzmärkte, auch wenn Tokio, New York, London und Frankfurt die bedeutsamsten Umschlagplätze bilden. Die enormen Wachstumsraten auf den internationalen Finanzmärkten lassen sich durch zwei Zahlen charakterisieren: Sie sind zwischen 1980 und 1993 von 1,8 auf über 7 Billionen Dollar angewachsen. Das Volumen der sogenannten Derivaten Finanzinstrumente beträgt 16.500 Mrd. Dollar und erreicht damit nahezu das Weltsozialprodukt.[27]

Der Binnenmarkt ist für die EU bedeutsamer als ihr Außenhandel

Wendet man den Blick von der globalen auf die europäische Ebene, dann bestätigt sich das Bild der Kontinentalisierung. Eine Reihe von Autoren spricht von "Regionalisierung" im Weltmaßstab.[28] Wir möchten den Begriff der Region lieber für territoriale Einheiten auf der subnationalen Ebene reservieren.[29]

Die Handelsverflechtungen sind zwischen den europäischen Ländern am intensivsten und haben sich auch in den letzten 10 Jahren intensiviert. Nach den Angaben der World Trade Organisation[30] beträgt der Anteil des Handels innerhalb der EU am gesamten Außenhandel ihrer Mitglieder 68,1%. Nimmt man Westeuropa als Einheit (also incl. Schweiz), so wuchs der Anteil der internen Verflechtung

---

[27] Stiftung Entwicklung und Frieden 1995: 160.

[28] So Borrmann/ Koopman 1994; Weidenfeld/ Turek 1996; Menzel 1996; Härtel u.a. 1995; Thierstein/ Langenegger 1994.

[29] Der Begriff der "Kontinentalisierung" weist auf eine kontinentale Größenordnung hin, nicht auf die exakte Größe von Kontinenten. Die bisher entstandenen wirtschaftlichen Zusammenschlüsse mehrerer Staaten – EWG, EFTA, später EU und EWR, MERCOSUR, AFTA, NAFTA, APAC – sind meist etwas kleiner. Die entsprechenden wirtschaftlichen Verflechtungen weisen jedoch meist etwas über sie hinaus.

[30] WTO 1995: 39.

1982 bis 1992 von 64 auf 71% der Exporte und von 71 auf 73% der Importe der jeweiligen Länder.[31]

Die Außenverflechtung der EU ist relativ gering. Der Anteil der europäischen Exporte am europäischen Bruttosozialprodukt beträgt lediglich 12,8% und ist damit nur unwesentlich höher als der Außenhandelsanteil der USA.[32] Damit wird deutlich, daß die EU nicht nur im politischen Sinne einen Binnenmarkt hat – auch das wirtschaftliche Geschehen spielt sich weitestgehend auf dem europäischen Binnenmarkt ab.

Dies kann durch mehrere ökonomische und politische Faktoren erklärt werden. Nach BORRMANN/ KOOPMANN[33] hat eine Zollunion primär die Wirkung, die relative Bedeutung des Binnenhandels gegenüber dem Außenhandel zu stärken. Sie schafft zusätzlichen internen Handel durch die Beseitigung von Handelshemmnissen. Durch Spezialisierungseffekte werden damit auch die Waren auf dem Binnenmarkt wettbewerbsfähiger. Andere Erklärungen setzen an der Marktrelevanz der geographischen Nähe und der kulturellen Affinität an.[34] Dies entspricht den oben beschriebenen Trends der Produkt- und Geschmacksdifferenzierung, die den Handel zwischen räumlich, kulturell und ökonomisch ähnlichen Volkswirtschaften schneller wachsen lassen als den Handel zwischen unterschiedlich entwickelten.

Betrachtet man die Regionalstruktur des Außenhandels der EU-Länder, ergibt sich ein vielschichtiges Bild. Nimmt man die EU als Einheit, so fällt auf, daß der Import aus sog. Niedriglohnländern genauso bedeutsam ist wie die Importe aus den USA und Japan zusammen. Der Anteil der "dynamischen asiatischen Entwicklungs- und Schwellenländer" (China, Südkorea, Taiwan, Hongkong, ASEAN) an den gesamten Fertigwarenimporten Westeuropas hat sich zwischen 1982 und 1992 von 10,3 auf 23% verdoppelt. Die "Mittel- und Osteuropäischen Reformländer" haben einen Importanteil von 11% (1982: 13,8%). Die übrigen Entwicklungsländer fielen von 20,6 auf 15,4%

---

[31] Härtel u.a. 1995: 27; so in der Tendenz auch: Stiftung Entwicklung und Frieden 1995: 206; EG-Kommission 1993m: 77; Eurostat 1995: 34.

[32] Borgmann/ Koopman 1994:366.

[33] 1994:369; siehe auch: Viner 1950.

[34] ibid.: 367.

Importanteil zurück.[35] Insgesamt bedeutet dies immerhin einen Importanteil bei Fertigwaren aus Niedriglohnländern von ca. 50%, der jedoch in den achtziger Jahren stabil geblieben ist.

Dieses eher bedrohliche Bild wird aber durch die Tatsache der sehr hohen Binnenorientierung der westeuropäische Ökonomie relativiert. Die wichtigsten Handelspartner für jedes einzelne europäische Land sind die europäischen Nachbarn. Im Durchschnitt liegt der Importanteil an Industriewaren aus Niedriglohnländern für jedes europäische Land stabil bei 13%.[36]

Zu Befürchtungen um den Standort Europa haben Zahlen Anlaß gegeben, daß die Direktinvestitionen europäischer Unternehmen im Ausland höher sind als umgekehrt.[37] Die Direktinvestitionen stiegen zwischen 1987 und 1991 von 200 auf 300 Mrd. ECU, dagegen die Kapitalimporte nur von 100 auf 190 Mrd. Wie oben aufgezeigt, liegt der Investitionsschwerpunkt in anderen Industrieländern. Auch im Fall der Direktinvestitionen ist die Binnenverflechtung bedeutsam und hat zwischen den Jahren 1985 und 1992 noch erheblich zugenommen – nämlich um 377%. Der Anteil der Direktinvestitionen innerhalb Europas an den gesamten Direktinvestitionen der westeuropäischen Länder hat sich damit innerhalb von sieben Jahren von 38 auf 52% erhöht.[38] Der gemeinsame Binnenmarkt hat eine gewaltige Umlenkung der Investitionsströme nach innen ausgelöst. Angesichts solcher Trends kann man nicht von einem Attraktivitätsverlust des Standortes Europas reden.[39]

Direktinvestitionen ins Ausland werden zudem im politischen Schlagabtausch allzu schnell negativ bewertet. Sie stellen aber entgegen einigen Vorurteilen keinen geeigneten Indikator für Standortschwäche dar – manchmal ist sogar das Gegenteil der Fall. So hat die OECD insgesamt einen Überschuß an Direktinvestitionen; Japan und Frankreich waren in den achtziger Jahren Überschußländer,[40] die

---

[35] Eigene Berechnung nach: Härtel u.a. 1995: 27.
[36] Vgl. Härtel u.a. 1995: 27.
[37] Weidenfeld/ Turek 1996: 49.
[38] Eigene Berechnung nach Härtel u.a. 1995: 31.
[39] So z.B. Weidenfeld/ Turek 1996.
[40] OECD 1995m: 35.

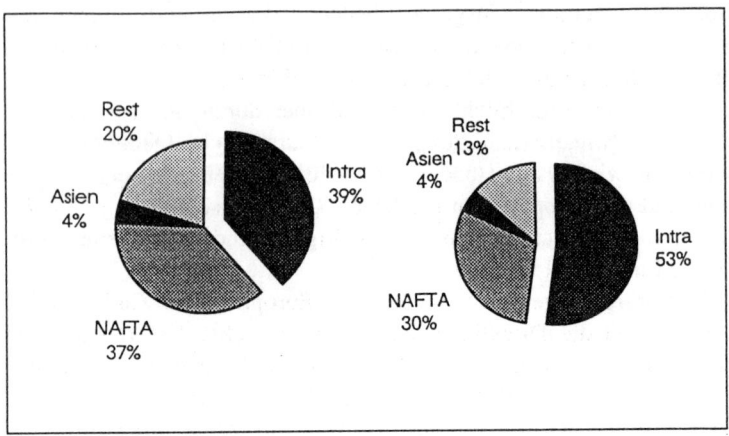

Abb. 1: Regionale Verteilung der Direktinvestitionen von EU-Unternehmen 1995 und 1992

USA in der Nachkriegszeit.[41] Die an der Spitze der Weltmarkthierarchie stehenden Nationen haben zumeist mehr Kapital exportiert als importiert. Darauf fußt u.a. ihre Stärke und ihre Fähigkeit, eigene Produktions-, Konsum- und Technologienormen international durchzusetzen.[42] Direktinvestitionen sind damit Grundlage für den wertschöpfungsintensiven Technologieexport. So stellen auch die Gutachter des HWWA[43] fest, daß Direktinvestitionen ins Ausland eng gekoppelt sind an die Exportentwicklung. Für PORTER[44] ist es ebenfalls Zeichen hoher Standortqualität, wenn ein Land die Heimatbasis eines multinationalen Konzernes darstellt (siehe oben). Insofern ist ein Überschuß an Auslandsdirektinvestitionen kein geeigneter Standortkrisenindikator.

---

[41] Altvater/ Hübner/Stanger 1983: 39.
[42] Vgl. Vernon 1979; Altvater 1983 und 1987 zum Engagement amerikanischen Kapitals in Westeuropa während der Nachkriegsära.
[43] Härtel u.a. 1995, in der Kurzfassung: Jungnickel 1996.
[44] Porter 1990.

Die EU ist für Deutschland der wichtigste Handelspartner

Das Argument der Europäisierung läßt sich auch auf die Bundesrepublik Deutschland übertragen. Im deutschen Außenhandel kamen 1994 66,6% aller Importe aus anderen EU- oder EFTA-Ländern. Die Relevanz von Niedriglohnländerimporten liegt für Deutschland noch niedriger als für die EU: 3,7% der deutschen Importe kommen aus Asien, 8,1% aus den "Mittel- und Osteuropäischen Reformländern".[45] Im Vergleich zum europäischen Durchschnitt spielt die Verflechtung mit Mittel- und Osteuropa wegen der räumlichen Nähe eine größere Rolle als die mit den asiatischen Ländern. Insgesamt profitiert Deutschland von diesem dynamisch wachsenden Handel mit dem Osten: Zwischen 1989 und 1993 haben die Exporte um 120% zugenommen, die Importe hingegen nur um 74%.[46]

Auch hinsichtlich des Nettokapitalabflusses durch Direktinvestitionen läßt sich kein dramatischer Trend ablesen. Dieser schwankt in den Jahren 1990 bis 1994 zyklisch zwischen 23 und 34 Mrd. DM[47] und hat 1995 einen Rekordwert von 37 Mrd. DM erreicht.[48] Diese Entwicklung läßt sich nicht nur auf die Lohnentwicklung oder die Besteuerung zurückführen,[49] sondern auch auf die Aufwertung der DM, die ausländische Anlagen relativ verteuert und inländische Investitionen im Ausland verbilligt.[50]

Der regionale Schwerpunkt der Direktinvestitionen liegt ebenfalls in den Industrieländern, nur 7% der Direktinvestitionen fließen in typische Verlagerungsländer.[51] Als Hauptinvestitionsmotiv gilt nach wie vor die Markterschließung, für die Marktnähe ein wichtiger Standortfaktor ist. Daher findet durch Direktinvestitionen weder eine Produktionsauslagerung noch eine Substitution von Exporten aus Deutschland im nennenswerten Umfange statt. Es besteht vielmehr ein

---

[45] OECD 1995m: 35. Die Zahlen im Bericht des SVR (1995: Tab. 12) sind etwas höher: ASIEN 4,9% und MOE 7,3% in 1994.
[46] Weidenfeld/ Turek 1996.
[47] OECD 1995m: 31.
[48] Jungnickel 1996: 309.
[49] So kritisch: Härtel u.a. 1995; Köddermann/Wilhelm 1996.
[50] Hermann 1996: 475.
[51] Jungnickel 1996: 311; dazu ausführlich das HWWA-Gutachten (Härtel u.a. 1995).

positiver Zusammenhang zwischen hohem Exportmarktanteil und
hohen Direktinvestitionen in bestimmte Länder.[52] Für Deutschland
spielt die EU die Hauptrolle bei den Direktinvestitionen, sie hat einen
Anteil von 58% in 1992/93. Zweitwichtigstes Zielland sind die USA
mit 17%.[53] Aus diesem Grunde ziehen die Gutachter des HWWA
auch das Fazit: *"Die These, daß die Globalisierung mit einer Abwan-
derung der deutschen Wirtschaft verbunden ist und insoweit zu Lasten deutscher Standorte erfolgt, findet in den verfügbaren Daten
keine generelle Bestätigung".*[54]

Viel bedeutsamer für den Standort Deutschland sind die enormen
zyklischen Schwankungen der Zu- und Abflüsse kurzfristiger Kapitalanlagen. Diese haben unmittelbare Auswirkungen auf die Kursent-
wicklung der DM und damit auf die relativen Preise deutscher Waren
gegenüber der ausländischen Konkurrenz. So haben sich die kurzfri-
stigen Kapitalanlagen zwischen 1992 und 1993 (dem Jahr der Krise
des europäischen Währungssystems) von 45 auf 177 Mrd. DM ver-
dreifacht.[55] Der kumulierte Kapitalimport zwischen 1991 und 1995
belief sich auf 241,3 Mrd. DM. Hauptkreditnehmer war die öffentliche Hand.[56] Zugespitzt kann man sagen, daß ein Teil der Wiederver-
einigungskosten durch externe Kapitalzuflüsse finanziert wurde. Dieser Kapitalimport hat zu einer realen Aufwertung der DM in den
neunziger Jahren um 18% geführt.[57] Diese Aufwertung ist auf die
internationale stabilitätspolitische Vorreiterrolle der Bundesbank und
die hohe wirtschaftliche Stabilität trotz des Wiedervereinigungs-
schocks zurückzuführen. Hierdurch ergab sich ein für internationale
Kapitalanleger vertrauenserweckendes Klima mit hohen Rentabili-
tätserwartungen.[58] Solche Wechselkursschocks wirken sich allerdings
negativ auf den Produktionsstandort Deutschland aus, wobei die Ex-
portsektoren auf die Wechselkursentwicklung noch relativ robust

---

[52] Jungnickel 1996: 314.
[53] Statistisches Bundesamt 1995.
[54] Jungnickel 1996: 316.
[55] OECD 1995m: 31.
[56] Hermann 1996: 477.
[57] SVR 1995:133; OECD 1995m:32.
[58] Hermann 1996: 476f.

reagiert haben.[59] Die Folgeerscheinungen des Wechselkursschocks lösten eine öffentliche Diskussion aus, die aber fälschlicherweise auf die Steuer- und Kostenbelastung der Unternehmen gelenkt wurde. Der Sache angemessener wäre eine öffentliche Debatte über die Kosten einer stabilitätspolitischen internationalen Vorreiterrolle für den Produktionsstandort Deutschland gewesen. Es ist bemerkenswert, daß diese Form einer internationalen Vorreiterrolle unhinterfragt bleibt, während vergleichsweise harmlose umweltpolitische Forderungen wegen ihrer scheinbar nicht vertretbaren Auswirkungen auf den Standort Deutschland abgewehrt werden können. Es ist ebenfalls bemerkenswert, daß die politische Kultur in Deutschland eine politische Diskussion über die arbeitsmarktpolitischen und umweltpolitischen Kosten einer stabilitätspolitischen Vorreiterrolle kaum zuläßt.

Fazit

Faßt man die empirischen Trends aus dieser Perspektive zusammen, so kann man feststellen, daß die "Globalisierung" sich weit weniger dramatisch darstellt als aus der dualistischen Perspektive Nationalstaat/ Weltmarkt. Vorwiegend handelt es sich bei der wachsenden internationalen Verflechtung bisher um eine "Kontinentalisierung" – für Deutschland damit um eine "Europäisierung". Auch wenn nationale Alleingänge an Grenzen stoßen sollten – was noch differenziert zu diskutieren ist – ist der europäische Wirtschaftsraum so stark binnenorientiert, daß er erhebliche umwelt- und sozialpolitische Niveauunterschiede zum Rest der Weltökonomie verkraften kann. Ob die EU die internen wirtschaftlichen, politischen und institutionellen Voraussetzungen für eine Politik der Nachhaltigkeit mit sich bringt, wird weiter unten ausführlich diskutiert.

---

[59] Vgl. OECD 1995m.

Regionalisierung

Nach der europäischen Ebene soll nun die regionale Ebene näher betrachtet werden. Unter Regionen wollen wir Erfahrungsräume verstehen, die unterhalb der nationalstaatlichen Ebene liegen, in der Bundesrepublik auch unterhalb der Länderebene.[60] Parallel zum Bedeutungsgewinn der kontinentalen und globalen Ebene haben die lokale und regionale Ebene nicht etwa einfach an Bedeutung verloren, sondern sind in mehrfacher Hinsicht ebenfalls wichtiger geworden. Offensichtlich hat in Europa gerade die Vollendung des Binnenmarkts eine neue Situation geschaffen, die nach neuen Orientierungsmöglichkeiten wirtschaftlicher, kultureller und politischer Art verlangt.

Wir können beobachten, daß Regionen sich zunehmend als Akteure im europäischen wirtschaftlichen Wettbewerb verstehen. Mit Hilfe eines "Regional-Marketing" suchen sie ihre wirtschaftlichen und kulturellen Eigenarten herauszustellen. "Regional Identity"-Strategien in Analogie zum Konzept der "Corporate Identity" werden als wichtig für die wirtschaftliche Entwicklung der Region angesehen. Gegenüber bereits ansässigen oder potentiell ansiedlungswilligen Firmen werden die "weichen" Standortfaktoren wie das soziale, kulturelle und geschäftliche Klima angepriesen. Zunehmend wird offensiv für regionsspezifische Produkte geworben, nicht nur im Bereich von Agrarprodukten ("Obst vom Bodensee") sondern zunehmend auch im Bereich von Industrieprodukten ("Präzision aus dem Schwarzwald"). Derartige Strategien entwickeln sich vor dem Hintergrund der zunehmenden Bedeutung von regionalen Produktionsnetzwerken. Hierzu mehr weiter unten.

Interessant ist, daß analog zu den verbesserten Kommunikations- und Transportmöglichkeiten auf internationaler Ebene die moderne

---

[60] Regionen lassen sich nach unterschiedlichen Kriterien abgrenzen. Wirtschaftlich-funktionale, naturräumliche, kulturell-historische sowie politisch-administrative Zusammenhänge sind oft nicht ganz deckungsgleich (siehe Gleich/ Lucas/ Schleicher/ Ullrich 1992). Ein anderer Ansatz ist, nicht die Zusammenhänge, sondern die Homogenität in den Vordergrund zu stellen. Auch stellt sich die Frage, in welchen Zusammenhängen eine einheitliche Abgrenzung tatsächlich notwendig ist. In der Praxis haben sich die NUTS II Gebietseinheiten der EU als hilfreicher Hinweis erwiesen.

Technik auch die Struktur des lokalen Raumes verändert hat. Themen, die früher rein lokal waren, sind heute regionaler Art. Städte müssen sich intensiver mit ihrem Umland auseinandersetzen, Stadtregionen wachsen zusammen. Funktionale Räume werden stark durch die Entfernungen bestimmt, die sich ohne unverhältnismäßigen Aufwand im Rahmen eines Arbeitstags für Pendler, Handwerker und Dienstleister erreichen lassen. Das hat zur Folge, daß regionale Funktionsräume, die tatsächliche Kommunikationszusammenhänge darstellen, heute eine größere Vielfalt von Aktivitäten umfassen können, bzw. daß gewachsene Regionen in der Fläche heute eine Intensität der Kooperation realisieren können, wie sie früher nur in Städten möglich war. Auch dies trägt zu einem Bedeutungsgewinn der regionalen Ebene bei. Die Differenzierung zwischen lokaler und regionaler Ebene soll im folgenden jedoch nicht näher verfolgt werden.

Auffällig im politischen Bereich sind die zunehmenden Tendenzen zu Regionalismus und Föderalismus in ganz Europa. Insbesondere in Spanien, Italien, Frankreich und in England haben regionalistische Bewegungen einen Prozeß der Regionalisierung befördert, der wahrscheinlich auch ohne extremistische Aktivitäten regionalistischer Gruppen eingesetzt hätte. Diese Bewegungen können einerseits als kulturelle Gegenbewegungen zu europäischen Homogenisierungstendenzen verstanden werden und betonen nicht selten ihre Identität mit einer Mischung aus reaktionären, fremdenfeindlichen Abschottungstendenzen und fortschrittlichen Vorstellungen von regionaler Demokratie. Andererseits spielen wirtschaftliche Aspekte eine nicht zu unterschätzende Rolle. So sind z.B. Katalonien und das Baskenland wirtschaftlich starke Regionen mit eigenen spezifischen Strukturen, deren Potentiale sie in größerer Autonomie gestalten und deren Erträge sie möglicherweise auch weniger mit anderen teilen wollen. Einen Regionalismus der Wohlhabenden als krude Entsolidarisierungsbewegung erleben wir gegenwärtig in Norditalien. Zentralistische Nationalstaaten sehen sich offensichtlich gezwungen, Entscheidungsstrukturen zu dezentralisieren und ihren Aufbau föderaler zu gestalten, um der regionalen Dynamik und Vielfalt nicht nur in kultureller, sondern gerade auch in wirtschaftlicher Hinsicht gerecht zu werden.

Auffällig im politischen Bereich ist zudem, daß die einzelnen Regionen nicht nur gegenüber den darüberliegenden politischen Ebenen zunehmend an Eigenständigkeit gewinnen, sondern daß sie sich auch zunehmend horizontal über Ländergrenzen hinweg vernetzen. Städtepartnerschaften, Regionalpartnerschaften, der Rat der Regionen Europas und grenzüberschreitende Zusammenschlüsse sind Ausdruck neuer netzwerkartiger Organisationsformen. Indem Regionen eine eigene "Außenpolitik" entwickeln, indem sie untereinander Verbindungen herstellen und nicht mehr nur auf dem Umweg über höhergelegene Instanzen kommunizieren, gewinnen sie beträchtlich an Handlungsfreiheit. Dies allein schon deshalb, weil sie direkter aus den Erfahrungen anderer Regionen lernen können. Interessant ist, daß die Europäische Union diese horizontalen Netzwerke zwischen lokalen und regionalen Einheiten quer durch Europa bewußt fördert.

Gleichzeitig mit der Vollendung des europäischen Binnenmarktes hat die Europäische Union ihre Regionalpolitik verstärkt. Mit den Strukturfonds wurde ein europäisches Umverteilungssystem etabliert und zunehmend erweitert, das die befürchteten Wettbewerbsnachteile strukturschwacher Regionen im neuen großen europäischen Rahmen abmildern soll. Zu beachten ist, daß dieses Umverteilungssystem zum größten Teil von vornherein nicht auf Individuen (wie etwa die nationalen Sozialversicherungssysteme oder auch Ausgleichszahlungen auf dem Agrarmarkt), sondern auf Regionen ausgerichtet ist. Zunehmend wird über den Grad der regionalen Autonomie bei der Verwendung dieser Mittel diskutiert. Inzwischen gibt es sogar ernstzunehmende Stimmen, die eine Regionalisierung der Agrarpolitik fordern. Auch in Deutschland sind die Entscheidungskompetenzen über die Mittelverwendung der Strukturfondsgelder zu einem heißen Thema geworden, insbesondere seit Sachsen angedroht hat, aus der deutschen "Gemeinschaftsinitiative zur Förderung der regionalen Wirtschaftsstruktur" auszusteigen. Diese ist das wichtigste Instrument der regionalen Strukturpolitik in Deutschland und ist trotz einer formal föderalen Struktur im Grunde zentralstaatlich organisiert.[61]

---

[61] Siehe Schleicher-Tappeser 1992b.

In den letzten zwei Jahrzehnten hat der bemerkenswerte Erfolg von Wirtschaftsregionen Aufsehen erregt, denen man dies zuvor nicht zugetraut hätte. In den Jahren der Rezession haben sich einige Regionen besonders gut behauptet, die nicht durch die Präsenz von großen Industriefirmen geprägt waren, sondern vielmehr durch das Vorhandensein eines Netzwerks von innovativen Kleinunternehmen, die im Verbund offensichtlich in der Lage waren, besonders flexibel und innovativ auf die wirtschaftlichen Veränderungen zu reagieren und damit nicht nur in ihrer Region wirtschaftlichen Wohlstand sichern, sondern auch auf den Weltmärkten beachtliche Anteile in ihren Spezialbereichen erringen konnten. Die Funktionsweise dieser regionalen Netzwerke und die Voraussetzungen der flexiblen Spezialisierung sind in den letzten Jahren ausführlich untersucht worden und werden uns weiter unten bei der Frage nach zukünftigen Tendenzen und Handlungsspielräumen noch weiter beschäftigen. Hier interessieren sie uns zunächst als Phänomen und als Indikator für den Bedeutungsgewinn regionaler Zusammenhänge. Entscheidend ist, daß sich der Erfolg dieser Regionen nicht aus den äußeren Rahmenbedingungen erklären läßt, mit denen Regionen makroökonomisch beschrieben werden. Vielmehr spielten regionsspezifische Faktoren wie kulturelle Eigenheiten, handwerkliche Traditionen, Ausbildungs- und Forschungseinrichtungen, die Funktionsweise der Netzwerke, das Vorhandensein eines innovativen "Milieus" eine wichtige Rolle. Die bekanntesten Beispiele sind das Silicon Valley in Kalifornien, die Route 128 in Massachusetts, die Regionen des Dritten Italien wie z.B. die Textilindustrie um Prato oder neuere kleinindustrielle Netzwerke in Norditalien, die Textilmaschinenindustrie in Baden-Württemberg oder die Elektronikindustrie in Schottland. Das Phänomen ist nicht nur auf kleine und mittlere Unternehmen begrenzt. Auch Großkonzerne suchen inzwischen die Nähe zu besonders innovativen Milieus, die sich bei Hochtechnologien mitunter im Umfeld von Universitäten herausbilden. Offensichtlich gibt es jenseits der makroökonomischen Bedingungen, die national oder supranational bedingt sind, beträchtliche Gestaltungsmöglichkeiten auf der regionalen Ebene. Forschungsminister Rüttgers hat diese Sichtweise kürzlich offensiv aufgegriffen, indem er beschlossen hat, die Fördermittel im Bereich

Biotechnologie auf sechs Regionen in Deutschland zu konzentrieren. Der öffentlich ausgeschriebene Wettbewerb, in dem sich verschiedenartigste Regionen als "Biotechnologie-Regionen" bewerben können, hat intensive regionale Bemühungen um die Schaffung und Präsentation eines besonders vorteilhaften Milieus ausgelöst.[62]

Nachdem die Großindustrie zeitweilig "global sourcing" großgeschrieben hatte, das heißt den Bezug von Zulieferern aus der ganzen Welt, ist inzwischen in vielen Branchen "local sourcing" zum Schlagwort geworden. So wird z.B. auch der neue Fiat 500 in Polen zum größten Teil aus Komponenten aus lokaler polnischer Produktion zusammengesetzt. Dieses weiter unten noch näher zu untersuchende Phänomen hat seine Gründe nicht zuletzt in einigen Aspekten der Globalisierung: Die durch die Globalisierung der Finanzmärkte verursachte starke Fluktuation der Wechselkurse macht es riskant, Auslandsmärkte aus dem Ursprungsland zu beliefern. Dies war auch für BMW und Daimler-Benz der wesentliche Grund, eine risikoreiche eigene Automobilproduktion in den USA zu starten.[63] Die mit der Globalisierung einhergehende Beschleunigung der Produktzyklen erfordert zudem eine immer intensivere Abstimmung zwischen Abnehmern und Zulieferern. Diese kann bei räumlicher Nähe besser gewährleistet werden. Einige Industrien, wie z.B. die Auto- oder die Elektronik-Industrie, fördern daher aktiv die Bildung regionaler Produktions-Cluster und drängen bewährte Zulieferer, eigene Zweigbetriebe im Umfeld neuer Montagestandorte aufzubauen. Dies kann für eine Region eine enorme Chance, unter Umständen aber auch eine starke Abhängigkeit bedeuten. Eine entscheidende Frage ist, ob das entstehende Produktionscluster langsam eine vom ursprünglichen Kernbetrieb unabhängige Tragfähigkeit entwickeln kann. Anders als früher, als Großbetriebe die regionale Wirtschaft tendenziell zu dominieren trachteten (z.B. die Montanindustrie im Ruhrgebiet, Nixdorf in Paderborn oder Grundig in Fürth), achten moderne Unternehmen zunehmend selber auf die Bildung von Netzwerken. Als global

---

[62] Die Kriterien, nach denen die Regionen am Ende ausgewählt wurden, haben den Ansatz allerdings Läugen gestraft. Einseitig wurde auf harte Gentechnik und auf die Standort der jeweiligen Großunternehmen gesetzt.
[63] Siehe Spiegel 25/ 96.

players sind sie einerseits weniger an einer patriarchalen Verantwortlichkeit vor Ort interessiert, gezwungen zur permanenten Innovation brauchen sie andererseits den dauernden Austausch mit Kunden und Mitbewerbern. Um Risiken in Grenzen zu halten, haben nicht nur zwischen den Kleinen, sondern auch zwischen den ganz Großen die Kooperationen zugenommen.

Entsprechend diesen neuen Entwicklungen hat sich auch die regionale Wirtschaftspolitik gewandelt. Während früher die Regionen sozusagen als "Behälter" gesehen wurden, in denen sich wirtschaftliche Tätigkeit entfalten kann und deren Ausstattung mit Infrastrukturen im Vordergrund der Bemühungen stand, werden heute die Eigenheiten der Regionen und die Förderung ihrer spezifischen Potentiale in den Vordergrund gestellt. Anstatt abstrakter Standortfaktoren stehen heute die Akteure der regionalen Entwicklung und ihre Interaktion im Mittelpunkt der Bemühungen.[64] Zugespitzt ausgedrückt, befindet sich Regionale Entwicklungspolitik auf dem Weg von der obrigkeitlichen Gewährung von Fördergeldern und Infrastruktureinrichtungen für das gesamte Territorium hin zu einer aktiven Politik der Vernetzung, Koordination und gezielten Hilfestellung für eine differenzierte Entwicklung der einzelnen Regionen.

Zusammenfassend können wir feststellen, daß wir es parallel zur Internationalisierung mit einer verstärkten Regionalisierung zu tun haben. Die Tendenzen der Regionalisierung sind mit Kategorien der Makroökonomie kaum zu fassen. Auch fehlen auf regionaler Ebene geeignete Statistiken, um in Analogie zur Außenhandelsstatistik und zur Entwicklung der internationalen Direktinvestitionen quantitative Aussagen machen zu können. Für die regionale Ebene sind lediglich Zustandsindikatoren, jedoch kaum Flußgrößen erhältlich. Verständlich werden die Mechanismen der Regionalisierung erst durch den Einbezug der Mikroökonomie. Auch soziale und kulturelle Aspekte spielen eine nicht zu unterschätzende Rolle. Die Gestaltungsspielräume scheinen auf der regionalen Ebene zuzunehmen, zumindest werden sie heute deutlicher wahrgenommen. Regionale Entwicklung tatsächlich als Chance zu sehen, auch das ist ein Entwicklungsfaktor.

---

[64] Siehe Schleicher-Tappeser/ Strati/ Thierstein/ Walser 1996.

So mußten wir in einem regionalen Entwicklungsprojekt im Hoch-
schwarzwald feststellen, daß das fehlende Bewußtsein für die tatsächliche Stärke der ansässigen Industrie zu einem gefährlichen Lehrlings-
und Arbeitskräftemangel geführt hatte. Die Entdeckung und Wahr-
nehmung regionaler Gestaltungsmöglichkeiten erfordert einen anderen Blickwinkel als den der klassischen Ökonomie.[65] Während sich
die Tendenzen und insbesondere die Gefahren der Internationalisierung und Globalisierung leicht darstellen und dramatisieren lassen,
sind die Gestaltungsspielräume auf regionaler Ebene schwieriger zu
vermitteln. Da umgekehrt die strukturellen Verschiebungen auf der
lokalen und regionalen Ebene nicht ohne Einfluß auf die globalen
Trends bleiben, wird ein differenziertes Verständnis der Tendenzen
zur Kontinentalisierung und Globalisierung ohne eine Anschauung
des Mikrokosmos der Bedingungen des Wirtschaftens vor Ort kaum
möglich sein.

Herausbildung neuer Organisationsprinzipien

Die vorangehende Übersicht über die Phänomene der Kontinentalisierung und der Regionalisierung deutet darauf hin, daß wir es nicht
einfach mit einem Hineinwachsen bekannter ökonomischer Zusammenhänge in größere Maßstäbe zu tun haben, sondern daß sich die
Organisationsprinzipien der Wirtschaft grundlegend verändern. Der
naive Eindruck täuscht, daß mit zunehmenden Vernetzungsmöglich-
keiten nun "alles mit allem" vernetzt werde. Es bilden sich neue Or-
ganisationsmuster auf verschiedenen Ebenen heraus. Hierarchische
Strukturen, in denen Informationsflüsse und Koordinationsmechanis-
men im wesentlichen vertikal verlaufen, werden ergänzt und durch-
setzt von netzwerkartigen Strukturen, in denen horizontale Verknüp-
fungen im Vordergrund stehen. Das gilt für staatliche Strukturen
ebenso wie für die private Wirtschaft. Alle Akteure müssen sich
umorientieren, neue Orientierungspunkte finden, neue Partner finden
und neue Kommunikationsstrukturen entwickeln.

---

[65] Bassand et al. 1986; Gleich/ Lucas/ Schleicher 1988.

Die für klar definierte Territorien zuständigen, demokratisch legitimierten Strukturen sehen sich kontinental oder global agierenden Akteuren gegenüber, die keiner territorial definierten Gemeinschaft vepflichtet, vielleicht aber auf bestimmte Bevölkerungsgruppen als Kunden oder bestimmte Zentren als Informationslieferanten angewiesen sind. Das macht zunächst hilflos. Doch hat die Übersicht in diesem Kapitel gezeigt, daß zumindest auf europäischer und auf regionaler Ebene neue politische Handlungsspielräume auftauchen.

Im folgenden Kapitel wollen wir skizzieren, wie verschiedene theoretische Ansätze diesen Strukturwandel beschreiben, um daraus Hinweise für die zukünftige Entwicklung dieser Handlungsspielräume zu gewinnen.

Verliert die Politik ihre Steuerungsfähigkeit? Prognosen aus der Theorie

Die Dynamik des weltweiten wirtschaftlichen Strukturwandels hat sich in den letzten Jahren deutlich beschleunigt. Allein aus den bisherigen Trends läßt sich die zukünftige Entwicklung schwer abschätzen. Sind die oben aufgeführten Befürchtungen berechtigt? Kann die Politik unerwünschten Entwicklungen gegensteuern oder verliert sie durch die Globalisierung ihre Steuerungsfähigkeit? Auf der Suche nach einer Antwort auf diese zentrale Frage wollen wir im folgenden verschiedene wissenschaftliche Erklärungsansätze und Diskussionsstränge um den internationalen und regionalen Strukturwandel näher betrachten.

Die konsequenten Neoliberalen

Der Sachverständigenrat zur Begutachtung der gesamtwirtschaftlichen Entwicklung (SVR) stellt sein Jahresgutachten von 1995 (aber auch frühere Gutachten) ganz unter das Vorzeichen der Globalisierung.[66] Nach Aussagen des SVR hat sich die Wettbewerbssituation für die Bundesrepublik Deutschland durch das Zusammentreffen mehrerer Entwicklungen erheblich verschärft:

- die Liberalisierungspolitik, insbesondere im Rahmen der Uruguay-GATT-Runde und des europäischen Binnenmarktes,
- die Globalisierung von Unternehmensnetzwerken,
    - die Globalisierung neuer Kommunikationstechniken,
- den Bedeutungsgewinn der (süd-)ostasiatischen Schwellenländer und der neuen mittel- und osteuropäischen Marktwirtschaften.

---

[66] Mit J. B. Donges und H. Siebert gehören dem SVR zwei ausgewiesene "Hardliner" neoliberalen Denkens an. Lediglich der Vertreter des DIW gilt als in der Tradition keynesianischen Denkens stehend.

Er folgert daraus: "Nur wenn das Land sich im Standortwettbewerb behauptet, kann es gelingen, wieder einen hohen Beschäftigungsstand zu erreichen und zugleich Einkommen und Wohlstand zu sichern".[67] Besonders interessant in der weiteren Argumentation des Sachverständigenrates ist, daß es eindeutiger empirischer Belege für ein Zurückfallen oder einer Gefährdung der Bundesrepublik Deutschland gar nicht bedarf. So argumentiert er:[68] "Wenn ein Zurückfallen im Standortewettbewerb erst einmal (an solchen Indikatoren) erkennbar wird, ist die Wettbewerbsposition schon schwer angeschlagen", und weiter: "Man muß der Bedrohung begegnen, ehe es soweit kommt".

Standortpolitik ist also Prävention – ohne, wie in anderen Politikbereichen auch (vor allem der Umweltpolitik), differenziert nach den Kosten und Nutzen der Prävention zu fragen. Im Grunde begrüßt die neoliberale Wirtschaftswissenschaft den verschärften globalen Wettbewerb und die verkleinerten politischen Handlungsspielräume. Der freie Handel gilt nach der neoklassischen Außenhandelstheorie als wichtige Grundlage der Wohlfahrt. Dabei ist das klassische Theorem der komparativen Kostenvorteile von Ricardo zentraler Ausgangspunkt der Argumentation: Durch die Spezialisierung auf diejenigen Produkte, für die es komparative Kostenvorteile hat, kann ein Land seine Konsummöglichkeiten und damit sein Wohlfahrtsniveau im Vergleich zum Autarkiefall erweitern.[69] Hinsichtlich der Verteilung der so erreichten Wohlfahrtsgewinne ist die Theorie weitgehend indifferent. Allerdings wird langfristig eine vertiefte ökonomische Integration und eine Angleichung der Entwicklungsniveaus über den Marktmechanismus erwartet.

Darüber hinaus wird auch der Wettbewerb der Politiken oder der "Systemwettbewerb" gut geheißen,[70] weil er staatliches Handeln auf Ausgabendisziplin und strikte Effizienzorientierung verpflichtet und damit Anspruchsdenken und Umverteilungsillusionen eindämmt. Im Systemwettbewerb behauptet sich das effizienteste System staatlicher Regeln und Ausgaben. Die Disziplinierung der Tarifparteien und der

---

[67] SVR 1995: II.
[68] SVR 1995: 173.
[69] vgl. Rose/ Saurnheimer 1993: 354f; Siebert 1978: 17f.
[70] vgl. Blankart 1996; Giersch 1993.

Ansprüche an den Staat sind damit nicht nur unausweichlicher Sachzwang, sondern aus ökonomischer Sicht erwünscht. Gierschs[71] Bild vom Wettbewerb der Immobilen, "die um die Mobilen werben", macht die Anpassung an die realen Machtverhältnisse zur Tugend. Wer sich besser anpaßt, den "Leistungsträgern" die attraktivsten Bedingungen stellt, hat auch die besten Chancen im internationalen Wettlauf. Dabei wird nicht mehr nach den sozialen und ökologischen Folgen eines Wettbewerbs der politischen Systeme gefragt. Selbst wenn Marktversagen zugegeben wird, so ist dieses in den Augen der Verfechter des Systemwettbewerbs dem viel unheilvolleren Staatsversagen vorzuziehen.

Neue Internationale Arbeitsteilung

Seit den siebziger Jahren wird eine intensive Diskussion um die "Neue Internationale Arbeitsteilung" geführt.[72] Ausgangspunkt dieser Diskussion ist die Beobachtung eines Strukturwandels der Exporte aus den Ländern der sog. Dritten Welt: von Rohstoffen hin zu industriellen Fertigwaren.[73] Am Anfang dieser Entwicklung standen Exporte von Produkten, die durch billige und niedrig qualifizierte Arbeit hergestellt werden konnten, insbesondere in der Textilindustrie. Dort wurden in den siebziger und achtziger Jahre in der Bundesrepublik über 500.000 Arbeitsplätze abgebaut. Später kamen extrem kapital- und energieintensive Produktionen wie Stahl und Schiffbau hinzu.[74]

An dieser Entwicklung sind vor allem die (süd)ostasiatischen Schwellenländer beteiligt – aber nicht nur diese. Das für die alten Industrieländer "problematische" an dieser Entwicklung ist, daß diese Länder mittlerweile die technologische Kompetenz für immer mehr Produkte haben und diese bei einer ähnlichen Produktivität zu wesentlich geringeren Kosten (vor allem Lohnkosten) produzieren kön-

---

[71] Giersch 1993: 154.
[72] siehe zusammenfassend: Elsenhans 1983; 1992; Fröbel/ Heinrich/ Kreye 1986.
[73] Elsenhans 1992: 250.
[74] vgl. Esser/ Fach/ Väth 1983.

nen. Neben größeren Spielräumen in der Lohnpolitik haben diese Länder auch die Möglichkeit einer aggressiven Wechselkurspolitik.[75] Der Konkurrenzdruck durch Niedriglohnproduktion wird sich verschärfen, je vielfältiger die auslagerungsfähigen Branchen werden. Dabei ist auch langfristig – ohne tiefgreifende Strukturreformen in der Dritten Welt – keine Angleichung des Lohnniveaus und des Lebensstandards zu erwarten, wie es die Verfechter einer exportorientierten Industrialisierung vertreten. Die Exportproduktion erfaßt nur einen Bruchteil des potentiellen Arbeitsmarktes im Süden, der durch Unterbeschäftigung gekennzeichnet ist. Hunderte von Millionen Menschen sind bereit, auch zu Hungerlöhnen zu arbeiten, um ihr Überleben zu sichern. Unterbeschäftigung verschärft die Konkurrenz um Arbeitsplätze und trägt damit zu niedrigen Lohnkosten bei. Selbst bei vollständiger Auslagerung der Industrieproduktion des Nordens könnte die Unterbeschäftigung im Süden nicht beseitigt werden. Auch soziale und ökologische Mindeststandards würden nur kleine Wohlstandsinseln schaffen – und es wäre fraglich, ob diese nicht durch die Konkurrenz um die Arbeitsplätze unterlaufen werden.

Eine selbsttragende industrielle Entwicklung ist jedoch in den meisten Ländern des Südens wegen extremer ökonomischer Ungleichheit – entwickungspolitisch gesprochen "struktureller Heterogenität" – blockiert. Sie erfaßt immer nur Bruchteile des Arbeitsmarktes und der Bevölkerung. Ungleiche Besitzverhältnisse auf dem Lande, die Ausbeutung des Hinterlandes durch die städtischen Zentren, ein ineffizienter, weil nur auf den relativ kleinen Markt der oberen und mittleren Einkommensgruppen ausgerichteter Industrialisierungspfad und ein übermächtiger, oft auf Selbstbereicherung orientierter Staatsapparat[76] blockieren eine sich selbst tragende Entwicklung für alle. Mit anderen Worten: Der "Fordismus", das auf wachsende Masseneinkommen aufbauende Entwicklungsmodell, erfaßt nur einen Teil der Volkswirtschaften der Dritten Welt. Gleichzeitig ist ein Heer von Unterbeschäftigten bereit, zu praktisch jeder Bedingung Arbeit anzu-

---

[75] vgl. Elsenhans 1996.
[76] Elsenhans 1981.

nehmen. Dies ist der entwicklungsökonomische Kern der Drohung durch die Niedriglohnkonkurrenz.

Der Anteil der Niedriglohnländer am Welthandel ist in den achtziger Jahren insgesamt nicht wesenlich gestiegen. Die disziplinierende Kraft der neuen Wettbewerber ist damit bedeutsamer als die tatsächliche Verlagerung. Schon die Möglichkeit der Verlagerung diszipliniert und trägt zur Lohnzurückhaltung bei.[77] Die Gewerkschaften in den alten Industrieländern stehen damit in einem Dilemma: Fordern sie weiterhin eine an der durchschnittlichen Produktivitätsentwicklung orientierte Lohn- oder Arbeitszeitpolitik, droht immer mehr Branchen der Verlust der Konkurrenzfähigkeit. Eine differenzierte Lohn- (oder Arbeitszeit-)politik jedoch führt zur Entkoppelung von Einkommens- und Produktivitätsentwicklung vor allem in den weniger wettbewerbsfähigen Branchen. In beiden Fällen entstehen unterkonsumtive Tendenzen, die zur wachsenden Arbeitslosigkeit beitragen. Im ersten Fall durch wachsende Arbeitslosigkeit in den nicht mehr wettbewerbsfähigen Sektoren, im anderen Fall dadurch, daß die Produktivität schneller steigt als die Einkommen (oder alternativ: die Arbeitszeitreduktionen). Am Ende steht eine Nachfragelücke, die zur Unterauslastung des Beschäftigungspotentials führt – kurz zu Arbeitslosigkeit.

Nach OECD-Berechnungen[78] hat sich die Produktivität in der deutschen Industrie je Arbeitsstunde zwischen 1979 und 1995 um 65% erhöht, die realen Stundenkosten (in die sowohl Lohn- und Lohnnebenkosten als auch Arbeitszeitverkürzungen einfließen) jedoch nur um 35%. Diese Schwere zwischen Einkommens- d.h. Konsumentwicklung und Produktivitätsentwicklung kann vorrübergehend durch Exportüberschüsse, die Steigerung der Investitionsquote oder die Senkung der Sparquote ausgeglichen werden, langfristig führt sie aber zu arbeitsplatzvernichtenden Rationalisierungsinvestitionen, da die Nachfrage langsamer wächst als die Produktivität.

Zudem trägt diese Entwicklung zu einem wachsenden Einkommensgefälle bei: Es wird einerseits innovative Hochlohnsegmente geben, die auch mit wachsenden Löhnen und selbst bei steigenden

---

[77] Elsenhans 1992: 262.
[78] OECD 1995m: 9.

Wechselkursen noch erhebliche Exportüberschüsse für die gesamte Volkswirtschaft erwirtschaften können – und andererseits diejenigen Branchen, in denen die Einkommensentwicklung durch die internationale Konkurrenz diszipliniert wird. Der in früheren Jahrzehnten stattfindende Einkommensausgleich zwischen den verschiedenen Branchen wird tendenziell durch eine Lohndifferenzierung und eine vom einzelbetrieblichen Erfolg abhängige Lohnentwicklung ersetzt.[79] Die Ökonomie und damit die Gesellschaft werden "heterogener" – ihr Zusammenhalt wird gefährdet.

Angesichts der dramatischen Prognosen, die noch Ende der siebziger Jahre verfaßt wurden, sind die realen Entwicklungen weniger spektakulär. Die Industrie im Norden konnte durch die Entwicklung von Qualitäts- und Markenprodukten sowie durch die Ausweitung des Dienstleistungsanteils an den Produkten[80] die Dimension der Produktionsverlagerung in engen Grenzen halten. Der Anteil der (süd)ostasiatischen Schwellenländer am Welthandel wächst zwar beträchtlich, ist jedoch insgesamt noch gering. Dies gilt in der Tendenz auch für die osteuropäischen Reformländer (siehe oben zu den Zahlen). Noch beschränkt sich die Konkurrenzdrohung nur auf wenige Branchen. Zudem ist der Strukturwandel in seiner Dramatik dadurch abgemildert, daß die zuerst auf dem Weltmarkt erfolgreichen asiatischen Länder (besonders Südkorea und Taiwan) aufgrund ihrer günstigen sozioökonomischen Ausgangsbedingungen (frühe Agrarreform in den vierziger und fünfziger Jahren) eine selbsttragende Wirtschaftsentwicklung, steigende Einkommen und eine industrielle Diversifizierung aufweisen. Allerdings sind diese wieder ihrerseits einer wach-

---

[79] Den Einkommensausgleich über die Branchen kann man sich am Beispiel der Friseuse und des PC veranschaulichen. Die Friseuse kann ihre Produktivität nur begrenzt steigern. Dennoch nimmt sie an der Einkommensentwicklung teil – Haareschneiden wird immer teurer. Im Computerbereich ist die Produktivitätsentwicklung so rasant, daß Computer immer billiger und leistungsfähiger geworden sind – eine Realeinkommensteigerung für die Käufer von PC´s. Genau dieser Einkommensausgleich zwischen hoch und niedrigproduktiven Branchen ist durch die disziplinierende Wirkung der internationalen Arbeitsteilung gefährdet. Vgl. dazu das pessimistische Szenario von Elsenhans 1992; mit ganz anderem Akzent: Elsenhans 1996.

[80] Nach einer UNIDO-Studie (zitiert in Hein 1995: 66) fließen elf Zwölftel des Verkaufspreises einer Ware aus einem Niedriglohnland in Handel, Transport und Vermarktung; nur ein Zwölftel entfällt auf die Produktionskosten!

senden Konkurrenz von Niedriglohnländern ausgesetzt, so daß sich die Disziplinierungskraft niedriger Löhne über die ganze Stufenleiter hindurch langfristig durchzusetzen droht. Die Trends sind also nicht ganz eindeutig. Der oftmals prognostizierte drastische Verlust der politischen Handlungsspielräume läßt sich daraus nicht ableiten. Auch erklärt die reale Entwicklung für sich genommen nicht die Zunahme der gesellschaftlichen Polarisierung in den meisten Industrieländern.

Niedergang der globalen Institutionen

Einen weiteren Erklärungsansatz für den Strukturwandel der Weltwirtschaft bietet die These vom Niedergang der globalen Institutionen, die bis in die frühen siebziger Jahre die Weltökonomie reguliert haben. Im "fordistischen Zeitalter" der Nachkriegszeit fand eine Regulation der Weltökonomie noch im Rahmen der politischen und wirtschaftlichen Hegemonie der USA statt.[81] Über ein System fixer Wechselkurse, das an den Dollar gebunden war, und durch die Bereitschaft der USA, auch Opfer für ihre globale Führungsrolle zu übernehmen, konnte sich in der Nachkriegsperiode eine wachsende, zumindest im Norden wohlfahrtsstaatlich abgefederte Weltökonomie entfalten. Aufgrund des ökonomischen Aufholprozesses der anderen Industrieblöcke, inbesondere von Europa und Japan, verminderten sich das relative Gewicht und damit auch die Ressourcen der USA, globale wirtschaftliche Stabilität aus eigener Kraft zu gewährleisten. Die globalen Institutionen der Weltwirtschaft – insbesondere das System fixer Wechselkurse und der Dollarstandard im Bretton Woods System – brachen Anfang der siebziger Jahre zusammen. Seitdem ist es dem neuen polyzentrischeren System der G7-Staaten nur in äußersten Krisensituationen gelungen, den Standortewettbewerb zugunsten einer koordinierten Wirtschaftspolitik zu kanalisieren. Das Zeitalter des globalen Keynesianismus, in dem der politische Ausgleich von Angebot und Nachfrage noch eine Rolle spielte, wurde durch die

---

[81] siehe dazu: Altvater 1987: 198f; Keohane 1984.

Hegemonie neoliberaler, angebotsorientierter Wirtschaftspolitik abge-
löst, in dem nun der "Wettlauf der Besessenen" (Krugman) um die
Senkung der Kosten stattfindet.

Globalisierung der Finanzmärkte

Ein weiterer Diskussionsstrang beschäftigt sich mit der Globalisierung
der Finanzmärkte.[82] Seit den sechziger Jahren findet eine massive
Ausweitung internationaler Kreditgeschäfte und spekulativer Finanzbewegungen statt. Diese wachsen wesentlich schneller als der Welthandel und das Weltsozialprodukt. Erleichtert wird dieser Prozeß
einerseits durch den Fortschritt in den Kommunikationstechnologien
und andererseits durch den Zusammenbruch der regulierenden Institutionen der Nachkriegszeit.

Zum Teil wird behauptet, daß sich die internationalen Finanzmärkte mit ihren neuen Finanzinstrumenten, sogenannten Derivaten, weitgehend von der Produktions- und Handelssphäre entkoppeln. Es wird
auf Börsen-Zins und Wechselkursdifferenzen beziehungsweise auf die
Erwartung von Schwankungen spekuliert. Die internationalen Finanzmärkte entfalten damit eine spekulative Eigengesetzlichkeit weit
jenseits der traditionellen Rolle von Geld und Kredit als Schmiermit-
tel des internationalen Handels und von Direktinvestitionen. Dabei
wird derjenige Standort bevorzugt, der die sichersten und profitabel-
sten Geldanlagen bietet. Dies ist nicht mehr notwendigerweise und
ausschließlich mit einem geeigneten Produktionsstandort gleichzusetzen. Bedeutsamer ist das Vertrauen der Kapitalanleger.[83] Zins- und
Liquiditätsprämien bestimmen die Richtung der Kapitalströme.

Auf der anderen Seite wird oft argumentiert, daß zwar die Finanzmärkte kurzfristig zu erratischen Wechselkursschwankungen beitragen können, daß sie jedoch langfristig eher die realwirtschaftlichen

---

[82] Dazu: Menzel 1995; Narr/ Schubert 1994; Altvater 1987, 1992, 1994; Scharpf
1987; Herr 1987.
[83] Herr 1987: 12.

Entwicklungen widerspiegeln und in der Tendenz verstärken.[84] Zum Teil wird ihnen also auch eine stabilisierende Wirkung zugesagt.

Unbestritten ist jedoch, daß die Internationalisierung der Finanzmärkte einen Wettkampf der Währungspolitik um die Attraktivität des nationalen Finanzstandortes ausgelöst hat. Damit geht eine doppelte Gewichts- und Machtverlagerung einher: Nationale Geldpolitik oder gar die Fiskalpolitik werden durch mögliche Reaktionen der internationalen Kapitalmärkte außer Kraft gesetzt. Das "Diktat der Zahlungsbilanz" und der "Verlust der nationalen Zinssouveränität"[85] drücken den dramatischen Machttransfer von staatlichem Handeln auf die internationalen Finanzmärkte aus. Das Scheitern des "französischen Experiments" 1981/82 wegen der massiven Kapitalflucht und des Drucks auf den Franc ist das letzte bekannte Beispiel einer fehlgeschlagenen keynesianischen Arbeitsmarkt-, Sozial- und Konjunkturpolitik im nationalen Rahmen.[86] Umgekehrt bedeutet die massive Kapitalspekulation in die als stabil geltende DM (auch in den Schweizer Franken) in den neunziger Jahren eine schwere Belastung für die jeweilige Volkswirtschaft. So erfuhr die DM dank ihrer hohen Attraktivität 1992/93 und 1995 zwei massive Aufwertungsschübe, die deutsche Produkte gegenüber ausländischen im Durchschnitt um 18% verteuerten.[87] Es besteht also durchaus ein Spannungsverhältnis zwischen einem attraktiven "Finanzstandort" und dem "Produktionsstandort". Ein attraktiver Finanzstandort kann als Produktionsstandort unattraktiv werden – eventuell ist sogar ein attraktiver Produktionsstandort unattraktiv für das Finanzkapital (die negative Reaktion der amerikanischen Börsen auf die gute Beschäftigungslage in den USA mag ein Beispiel dafür sein). Angesichts dieses Kostenschocks, der durch internationale Finanzkapitalbewegungen ausgelöst wurde, nehmen sich die vorhandenen Ökosteuervorschläge recht bescheiden aus.[88]

---

[84]   So z.B.: Elsenhans 1996; Kulessa 1995.
[85]   Altvater 1987, 1994; Scharpf 1987.
[86]   Scharpf 1987: 302.
[87]   SVR 1995: 133; OECD 1995m: 32.
[88]   So auch: Blazejczak u.a. 1993.

Subtiler ist die massive Umverteilung vom Real- zum Finanzkapital. Die mögliche Profitabilität der internationalen Finanzmärkte bildet die Meßlatte für produktive Investitionen. Werfen diese eine geringere Gewinnrate ab, wird es attraktiver, mit dem Kapital auf den internationalen Finanzmärkten zu spekulieren. SCHARPF[89] folgert daraus: "Wenn die höheren Umverteilungsansprüche des Kapitals nicht zurückgewiesen werden konnten, dann mußten andere Ansprüche an das Unternehmensprodukt entsprechend beschränkt werden und man muß nicht besonders staatskritisch oder gewerkschaftsfeindlich eingestellt sein, um dabei in erster Linie an die Ansprüche der Arbeitnehmer und der öffentlichen Hände zu denken". Schließlich machen die mit internationalen Finanzbewegungen verbundenen Wechselkurs- und Zinssprünge Realanlagen unsicher. Hochrentable Kurzfristanlagen werden damit weniger profitablen Langfristanlagen vorgezogen. Die Globalisierung der Finanzmärkte bildet damit die schärfste und tiefgreifendste Ursache für den Verlust an politischer Souveränität im nationalen Rahmen, sowohl für die Tarif- als auch die Geld- und Fiskalpolitik.[90]

Wettbewerb der Nationen?

Gegenüber den bisher vorgestellten makroökonomischen Erklärungsansätzen geht der amerikanische Ökonom Michael E. Porter von der Wettbewerbsfähigkeit einzelner Betriebe aus. Von Präsident Reagan in einen Regierungsausschuß für industrielle Wettbewerbsfähigkeit berufen, fing der Spezialist für betriebliche Wettbewerbsfähigkeit an, sich über die Wettbewerbsfähigkeit von Nationen Gedanken zu machen. Er untersuchte die Bedingungen, die der Wettbewerbsfähigkeit von Unternehmen förderlich sind, kam zur Überzeugung, "daß das

---

[89] Scharpf 1987: 306.
[90] Unter dem Aspekt des "Souveränitätsverlustes" muß in dieser Hinsicht die Tatsache als besonders bedenklich gewertet werden, daß bis zum Jahre 2000 der Anteil der Zinsen an allen Ausgaben des Bundes (wenn man den Fonds Deutsche Einheit, das Bundesbahnvermögen und andere Bundesvermögen einbezieht) auf 22,1% ansteigen wird ("Deutschland in der Zinsfalle", in: HB vom 19.7.1996).

nationale Umfeld eine entscheidende Rolle für den Wettbewerbser-
folg von Unternehmen spielt", und baute darauf eine Theorie der
nationalen Wettbewerbsfähigkeit auf, die in Empfehlungen für eine
nationale Industriepolitik mündet.[91] Nach Porter haben die Heimat-
länder global erfolgreicher multinationaler Konzerne den größten
Nutzen. Dort konzentrieren sich die produktivsten Arbeitsplätze mit
den höchsten Einkommen, das strategisch wichtige Produktionswissen
und damit auch die Schlüsselindustrien. Außerdem gehen von multinationalen Konzernen zahlreiche positive Rückkoppelungswirkungen
– quasi eine positive ökonomische Ausstrahlung – auf das Heimatland
aus. Die Schlüsselfrage im globalen Wettlauf wird damit, wie ein
Land zum Heimatland multinationaler Konzerne wird.[92] Der Wettlauf
wird zum normativen Leitbild, und es geht darum, "Sieger" zu werden.

Diesem inzwischen vieldiskutierten Ansatz folgen auch andere
Autoren.[93] Wie in der Einleitung zur vorliegenden Arbeit zitiert, wird
das Konzept der nationalen Wettbewerbsfähigkeit unter anderem von
Krugman heftig kritisiert.[94] Unter anderem wird eingewendet, daß die
Bedeutung des "Heimatstandortes" mit der "Transnationalisierung"
der Ökonomie abnimmt. Je stärker internationale Konzerne strategische Allianzen bilden und je intensiver die internationalen Vorlei-
stungsverflechtungen werden, desto wirkungsloser werde auch eine
auf die Attraktion multinationaler Konzerne gerichtete Standortpolitik.[95] Krugman weist darauf hin, daß die weitverbreitete Analogie
zwischen der Wettbewerbsfähigkeit von Unternehmen und der von
Nationen nicht schlüssig ist. Zugespitzt gesagt: ein Unternehmen ist
wettbewerbsfähig oder nicht – für ganze Nationalstaaten ist dieser
Begriff unsinnig. Ein Unternehmen, das nicht wettbewerbsfähig ist,
verliert Marktanteile oder geht Bankrott. Eine Volkswirtschaft wird
verlorene Wettbewerbspositionen mit einer Abwertung bezahlen, die

---

[91] Porter 1991.
[92] Porter 1991: 1.
[93] Siehe den Überblick bei Weidenfeld/ Turek1996.
[94] Krugman 1994; siehe auch Narr/ Schubert 1994.
[95] Narr/ Schubert 1994, dem entspricht auch die oben referierte Argumentation von
Reich.

jedoch ein außenwirtschaftliches Gleichgewicht wieder herstellen
kann. Das Wachstum eines Unternehmens hängt nicht von der Kauf-
kraft seiner Arbeiter ab – in einer Volkswirtschaft hingegen ist der
Binnenmarkt ein wichtiger Nachfragefaktor. Krugman betont zudem
etwas, was in der wettkampforientierten Standortrhetorik außer Acht
gelassen wird: Die USA profitieren davon, daß es Europa gut geht
und umgekehrt. Der Blick muß also nicht so sehr auf die Konkurrenten, sondern auch nach innen auf das eigene Wohlergehen gerichtet
werden. Auch Robert Reich warnt: *"Die Geschichte bietet genügend
warnende Beispiele dafür, wie ein "Nullsummen"-Nationalismus –
"entweder wir oder sie" – die gesellschaftlichen Werte so weit kor-
rumpieren kann, daß Bürger eine Politik unterstützen, die zwar das
eigene Wohlergehen geringfügig verbessert, dafür aber den gesamten
restliche Planeten ins Unglück stürzt, wodurch sich andere Nationen
gezwungen sehen, in purer Selbstverteidigung das gleiche zu tun".*[96]

Auch wenn wir diese Kritik am Konzept der nationalen Wettbewerbsfähigkeit weitgehend teilen, muß doch festgestellt werden, daß
Porter mit seinem differenzierten mikroökonomischen Ansatz viel für
das Verständnis des Strukturwandels geleistet hat. Er hat aufgezeigt,
daß zumindest bisher beträchtliche politische Gestaltungsspielräume
bestanden.

Who is us?

Unter dem plakativen Titel "Who is us?" wies 1990 der amerikanische Ökonom Robert Reich, der inzwischen hohe Positionen in der
Clinton-Administration bekleidet, auf das Problem hin, daß Identifi-
kationen und Loyalitäten nicht mehr eindeutig sind, daß den territorialen Organisationen (wie den Nationalstaaten) nicht-territoriale (wie
transnationale Unternehmungen) gegenüberstehen[97] und löste damit
eine Debatte über die Rolle der amerikanischen Nation in der globalen Ökonomie aus. *"Wir durchleben derzeit eine Transformation, aus*

---

[96] Reich 1993: 342.
[97] Reich 1990.

der im kommenden Jahrundert neue Formen von Politik und Wirtschaft hervorgehen werden. Es wird dann keine nationalen Produkte und Technologien, keine nationalen Wirtschaftsunternehmen, keine nationalen Industrien mehr geben. (...) Alles, was dann noch innerhalb der Grenzen eines Landes verbleibt, sind die Menschen, aus denen sich eine Nation zusammensetzt. Das Grundkapital eines jeden Landes werden die Kenntnisse und Fertigkeiten seiner Bürger bilden. Vorrangige Aufgabe der Politik wird es sein, gegen die Zentrifugalkräfte der Weltwirtschaft anzugehen, die die nationale Bürgerschaft zu zerreißen drohen", schreibt Reich.[98] Wie viele andere Autoren geht er davon aus, daß die weltweite Produktion zunehmend ortsunabhängig wird und beliebig verschoben werden kann. Wie die Theoretiker der neuen internationalen Arbeitsteilung sieht er als Folge der Globalisierung eine weiter zunehmende gesellschaftliche Polarisierung voraus, der politisch entgegengewirkt werden müsse. Einen Wettbewerb der Nationen hält er für gegenstandslos.

Ähnlich argumentiert Castells.[99] Aus dem Umstand, daß wirtschaftliche Macht im Postfordismus auf der Produktion und Verarbeitung von Wissen beruhe, folgert er, daß die informationstechnisch mögliche weltweite Vernetzung zur einem Bedeutungsverlust von Regionen und Nationen führe. Der "space of places" transformiert sich in einen "space of flows".

Aus dieser Perspektive scheinen die politischen Handlungsmögichkeiten für eine Politik der Nachhaltigkeit tatsächlich gering.

Flexible Spezialisierung

Unter dem Titel "The second industrial divide" publizierten Piore und Sabel 1984 ein vieldiskutiertes Buch, das einer breiteren Öffentlichkeit die Krise der fordistischen Produktionsweise verständlich darstellte und neue Perspektiven eröffnete. Ihre zentrale These war, daß wir an einer zweiten industriellen Wegscheide stehen, nachdem sich

---

[98] Reich 1993: 9.
[99] Castells 1996.

die westlichen Wirtschaften im neunzehnten Jahrhundert für den Weg
der Massenproduktion entschieden haben. Jetzt stehe die Entscheidung zwischen einer Weiterführung der Massenproduktion – was aber
neue internationale Institutionen erfordere – und dem Weg der flexiblen Spezialisierung an. Faktenreich beschrieben sie das Aufkommen
einer neuen werkstattähnlichen Produktionsweise in Regionen, die
nicht zu den Vorreitern der industriellen Entwicklung gehört hatten,
seit der Krise der Massenproduktion in den siebziger Jahren aber
erstaunliche Erfolge erzielt hatten. Aus heutiger Sicht stellt sich die
Entscheidung zwischen Massenproduktion und flexibler Spezialisierung nicht mehr so grundsätzlich dar. Die mikroökonomische Betrachtungsweise der globalen Transformationsprozesse hat jedoch
durch dieses Buch einen starken Impuls erfahren.

In den letzten Jahren ist in der wissenschaftlichen Literatur immer
deutlicher geworden, daß der Strukturwandel des Weltmarktes erst
durch Einbezug mikroökonomischer, soziologischer und kultureller
Aspekte verstanden werden kann. Piore und Sabel waren nur pointiert
formulierende Vertreter einer zunehmenden und sich ausdifferenzie-
renden Diskussion um den Zusammenhang zwischen regionalen
Entwicklungsbedingungen und weltwirtschaftlichem Wandel, die sich
vorwiegend aus der Regionalökonomie und der Innovationsforschung
entwickelt hat. Kern der Argumentation der Autoren, die einen solchen erweiterten Erklärungsansatz verfolgen,[100] ist, daß sich die
Weltökonomie in einem technologischen Umbruch befindet. Die
traditionelle industrielle Massenproduktion, die auf der Nachfragesei-
te auch eine entsprechende Kaufkraftenwicklung voraussetzt, befindet
sich im Niedergang. Stattdessen gewinnen flexiblere Fertigungstech-
nologien, die die Anpassungsfähigkeit an unterschiedliche Markter-
fordernisse erhöhen, an Bedeutung. Es geht dabei nicht mehr um
standardisierte Produktionsprozesse, sondern um die Optimierung von
Angepaßtheit. War für die Massenfertigung noch eine wirtschaftspolitische Globalsteuerung unerläßlich, die die wachsenden Produk-
tionsmöglichkeiten und die Nachfrage in Einklang brachte, so ist dies
im neuen Produktionsmodell nicht mehr nötig. Das Entwicklungsmo-

---

[100] Neuer u.a.: Hein 1995; Narr/ Schubert 1994.

dell, das wachsende Massenproduktion in standardisierten Produktionsabläufen und wachsende Einkommen politisch, institutionell, kulturell und ökonomisch in Einklang gebracht hat, wird von der Regulationstheorie[101] als "Fordismus" bezeichnet. Das seither im Entstehen begriffene Produktionsmodell wird noch unbestimmt "Postfordismus" genannt. Es benötigt nicht mehr den bisherigen politisch und institutionell abgesicherten Ausgleich von Produktions- und Nachfrageentwicklung. Es ist ökonomisch flexibler und bedeutet gesellschaftlich eine wesentlich größere Differenzierung. Ohne politische Gestaltung der Rahmenbedingungen droht jedoch in diesem Modell wachsende Arbeitslosigkeit und wachsende soziale Polarisierung.

Milieus und Netzwerke

Als Antwort auf die befürchteten krisenhaften Auswirkungen der neuen internationalen Arbeitsteilung sowie angeregt durch die Umweltdebatte in den Industrieländern und die Self-reliance-Debatte in der Entwicklungspolitik[102] wurden in den achtziger Jahren Konzepte für eine eigenständige oder endogene regionale Entwicklung entwickelt.[103] Die Begriffe Self-reliance, eigenständige und endogene Entwicklung wurden in unterschiedlicher Weise verwendet und voneinander abgegrenzt. Der in dieser Diskussion anfänglich relativ weitgehenden Befürwortung einer "selektiven Abkopplung" wich mit der Zeit die Einsicht, daß externe Impulse für die Innovationsfähigkeit von entscheidender Bedeutung sind. Die richtige Balance zwischen Eigenständigkeit und Offenheit zu finden, wird damit zu einer entscheidenden Erfolgsbedingung für die Regionalentwicklung.[104]

---

[101] Siehe zur Übersicht Danielzyk/ Oßenbrügge 1996, Stock 1996, ursprünglich vor allem Aglietta/ Liepitz. Siehe auch Lutz 1984.

[102] Z.B. Senghaas 1977, Galtung 1979, 1983a.

[103] Siehe Bassand u.a. 1986; Hahne 1985; Stöhr 1984; Schleicher/ Gleich/ Lucas 1989; Gleich/ Lucas/ Schleicher/ Ullrich 1992.

[104] Siehe Thierstein 1996.

Ein Ansatz, der versucht, die Verbindung zwischen Mikro- und Makroraum zu erfassen, ist das Konzept der Milieus und Netzwerke, das in den letzten Jahren zunehmende Beachtung gefunden hat.[105] Ein regionales innovatives "Milieu" ist ein Netz von mehrheitlich informellen sozialen Beziehungen. Es wird charakterisiert durch ein Produktionssystem, eine Technikkultur und die damit verbundenen Akteure. Wesentlich für ein Milieu ist seine geographische Begrenztheit bzw. die räumliche Nähe. Diese Nähe macht Synergien in verschiedenen Bereichen möglich und senkt die Transaktionskosten. "Nontraded commodities", nicht-handelbare Güter, spielen hier eine wichtige Rolle. Vor allem aber sind kollektive Lernprozesse und eine Verteilung des Risikos in Innovationsprozessen wesentliche Charakteristiken und Vorteile dieser Netzwerke. Nicht zu vernachlässigen ist die identitätsstiftende Funktion von Milieus: nach außen vermitteln sie oft ein bestimmtes Image, nach innen fördern sie ein Gefühl der Zusammengehörigkeit.

Das lokale Milieu selbst ist durch netzwerkartige Kooperationsbeziehungen geprägt. Ein solches Netzwerk ist selbststeuernd und wird nicht durch hierarchische Entscheidungen gelenkt. Entscheidend am Konzept der "Milieus und Netzwerke" ist nun, daß innovative regionale Milieus netzwerkartige Kooperationen auch nach außen unterhalten, die die notwendigen Impulse und Hilfestellungen für Innovationen liefern. Die Binnenbeziehungen des Milieus weisen jedoch einen Charakter auf, der durch Außenbeziehungen nicht ersetzt werden kann. Eine ganze Reihe empirischer Untersuchungen der letzten Jahre hat ergeben, daß viele Phänomene der wirtschaftlichen Entwicklung zuvor eher weniger erfolgreicher Regionen bisher nur mit diesem Ansatz erklärt werden können. So zeigten Maillat und Lecoq,[106] daß die Verlagerung der Entwicklungsdynamik in Europa von den nördlichen in die südlichen Regionen, die mit den herkömmlichen Ansätzen nicht erklärt werden kann, mit Hilfe der Milieutheo-

---

[105] Basierend vor allem auf den Arbeiten der italienisch-französischen GREMI-Gruppe (Camagni 1991); siehe Thierstein 1996; Thierstein und Langenegger 1995; vielfältige Beiträge aus diesem Diskussionszusammenhang finden sich in der Zeitschrift "Entrepreneurship and Regional Development", London.
[106] Maillat/ Lecoq 1992.

rie verständlich wird. Sogenannte "weiche Standortfaktoren", die viele Aspekte der Milieus beinhalten, werden bei der Standortwahl von Unternehmen immer höher eingeschätzt. Ein gängiger Begriff in diesem Zusammenhang sind "Fühlungsvorteile", die gesucht oder ungern aufgegeben werden.

Für die Handlungsfähigkeit von Politik heißt dies, daß Produktion durchaus in einem Ausmaß regional gebunden sein kann, das durch übliche Kostenbetrachtungen nicht erfaßt wird. Der Standort ist damit nicht austauschbar, sondern bekommt besondere, nicht handelbare Qualitäten. Neuere Konzepte der Wirtschaftsförderung nehmen dies zum Ausgangspunkt und legen ein weit größeres Gewicht auf die Entwicklung von Kommunikationsnetzwerken und regionaler Identität als auf kostensenkende Fördermaßnahmen.

Wesentlich ist, daß im Rahmen von regionalen Milieus trotz Konkurrenz Entscheidungen nicht allein aufgrund von Kostenkalkulationen getroffen werden. Ein Gefühl der Zusammengehörigkeit, eine gemeinsame Idee, was dieses Milieu ausmacht, eine persönliche Verantwortung für das Ganze sind ebenfalls steuernde Einflüsse. Hier hat die regulative Idee der Nachhaltigkeit eine Chance, in Handlungen umgesetzt zu werden, wenn sie Teil des Selbstverständnisses der Akteure ist.

Deterritorialisierte und territorialisierte Produktion

Der kalifornische Wirtschaftsgeograph Michael Storper[107] hat vor diesem Hintergrund die Bedingungen der räumlichen Gebundenheit von Produktion näher untersucht. Er geht von der These aus, daß Staaten und andere an ihre Territorien gebundene Institutionen gegenüber international oder global agierenden Wirtschaftsunternehmen eine umso größere Verhandlungsmacht und generell einen größeren Gestaltungsspielraum haben, je stärker Produktion räumlich gebunden ist. Den gängigen Erklärungsansätzen zur Globalisierung wirft er vor, daß die räumliche Gebundenheit, die Territorialisierung von Produk-

---

[107] Storper 1995.

tion nie sorgfältig untersucht wird, und zeigt auf, daß Internationalisierung durchaus nicht mit Deterritorialisierung gleichzusetzen ist. Die
Internationalisierung wurde lange mit Hilfe von Flußgrößen gemessen: Handelsströme, Direktinvestitionen oder Kapitalströme. All
diese Größen sagen aber nichts darüber aus, wie stark Produktion
tatsächlich räumlich gebunden, d.h. territorialisiert ist. Wenn Globalisierung mit Deterritorialisierung gleichgesetzt wird, dann kann Globalisierung mit diesen üblichen Indikatoren auch nicht gemessen
werden. Tatsächlich gibt es Produktionsformen, die große internationale Ströme verursachen, aber stark territorialisiert sind (z.b. die
Basler Chemieindustrie bis vor wenigen Jahren). Eine Übersicht über
die verschiedenen Möglichkeiten ist in Tabelle 1 dargestellt.

Interessant ist es, mit Hilfe dieser Tabelle den Strukturwandel in
Form von Übergängen zwischen den verschiedenen Produktionstypen
zu interpretieren. Normalerweise wird Globalisierung als Übergang
von anderen Produktionstypen zu Typ 2 (starke internationale Ströme
und wenig territorialisiert) angesehen. Doch gibt es auch Übergänge
von allen anderen Produktionstypen zu Typ 1, der trotz starker internationaler Ströme durch eine starke räumliche Gebundenheit charakterisiert ist (z.B. Designer-Möbel aus Italien), oder gar Typ 3 (Bio-
Produkte aus der Region statt no-name Lebensmittel aus dem Supermarkt).

Storper bezieht sich mit seinem System, das er noch weiter ausdifferenziert, im wesentlichen auf die Produktion. Man könnte weiter
argumentieren, daß der Übergang zur Dienstleistungsgesellschaft
weitere Möglichkeiten der Territorialisierung von Wirtschaft eröffnet,
wenn Dienstleistungen vor Ort an die Stelle von transportierbaren
Industrieprodukten treten. Auch zur Differenzierung von territorialisierten und deterritorialisierten Aktivitäten innerhalb von Unternehmen eignet sich dieses Schema.

Wenn im Kräftesystem zwischen transnationalen Unternehmen
und Politik die Verhandlungsposition der politischen Akteure davon
abhängt, wie stark die Produktion räumlich gebunden ist, dann wird
die Territorialisierung von Produktion zum Schlüssel für die Gewinnung von Handlungsspielräumen. Globalisierung versteht Storper als
die Entstehung eines weltweiten Systems, in dem territorialisierte und

Tabelle 1. Internationalisierung und Territorialisierung (nach Storper 1995)

	Territorialisierung des Produktionssystems	
Internationale Flüsse des Produktionssystems	**hoch**	**niedrig**
hoch	– Unternehmensinterner Handel mit speziellen Gütern: Zwischenprodukte aus Direktinvestitionen, Bedienung internationaler Märkte von "Kernterritorien" aus – "industrial districts" – Handel zwischen Unternehmen und Branchen **1**	– internationale Arbeitsteilung, z.B. in ausgereifter Massenproduktion – internationale Märkte, z.B. im Konsumgütermarkt – Handel zwischen Unternehmen und Branchen ohne territorialen Kern **2**
niedrig	– lokal orientierte Produktion für spezialisierten Geschmack mit wenig internationaler Konkurrenz **3**	– lokale Unternehmen in grundlegenden Dienstleistungen, die nicht von Großfirmen angeboten werden **4**

deterritorialisierte Produktionsformen zusammenwirken. Auch Globalisierung ist damit für ihn nicht mit Deterritorialisierung und dem Verlust an politischer Gestaltungsmacht identisch. Um in diesem entstehenden globalen Zusammenhang Einfluß zu behalten, muß nationale (und regionale oder europäische) Politik deshalb genau zwischen verschiedenartigen wirtschaftlichen Aktivitäten differenzieren, muß lernen, sich in verflochtenen Verhandlungssystemen von der lokalen bis zur globalen Ebene zurechtzufinden und die Stärken der Milieus und Netzwerke auf dem eigenen Territorium nicht aus den Augen zu verlieren.

Fazit

Unser nicht ganz geradliniger Ritt durch die Theorielandschaft hat gezeigt, daß neue Blickwinkel, neue Ansätze notwendig und auch vorhanden sind, um politische Gestaltungsspielräume gerade auch im Hinblick auf eine nachhaltige Entwicklung zu entdecken. Herkömmliche Spielräume schwinden tatsächlich – um die Gestaltungskraft der Politik zu erhalten, ist die Stärkung und Weiterentwicklung eines bereits im Entstehen begriffenen neuen Politikstils unerläßlich.

Makroökonomische Betrachtungsweisen kommen oft zur Schlußfolgerung, daß die politische Steuerungsfähigkeit des Territorialstaates in Zukunft abnehmen wird. Vor allem in der Bewertung unterscheiden sich die so verfahrenden Autoren: die einen begrüßen diese Entwicklung, die anderen beklagen sie. Theoretisch werden Handlungsperspektiven in einer internationalen Koordination von Arbeitsmarkt-, Steuer-, Geld- und Finanzpolitik sowie in einer neuen Entwicklungspolitik gesehen. Allerdings werden die Chancen internationaler Kooperation oft skeptisch eingeschätzt.

Unter dem Gesichtspunkt der Nachhaltigkeit sind das schlechte Aussichten, denn die makroökonomischen Erklärungsansätze für den globalen Strukturwandel liefern zunächst keinen Anhaltspunkt dafür, daß Gesichtspunkte der Nachhaltigkeit zukünftig stärker als bisher berücksichtigt werden. Umweltfragen, soziale Gerechtigkeit, interregionale Ausgewogenheit, all diese Anliegen drohen in der vorausgesagten Polarisierung und Internationalisierung noch stärker an den Rand gedrängt zu werden. Unter diesem Blickwinkel könnte man also folgern, daß die Situation sich zwar nicht so dramatisch darstellt, wie sie in der öffentlichen Diskussion oft geschildert wird, daß die Perspektiven für eine Politik der Nachhaltigkeit aber düster sind.

Weit besser sehen die politischen Gestaltungsspielräume aus, wenn mikroökonomische, soziologische und kulturelle Aspekte mit in die Betrachtung einbezogen werden. Dann zeigt sich, daß auch global operierende Wirtschaftsunternehmen unter Umständen auf besondere lokale Bedingungen angewiesen sind. Es wird deutlich, daß die Politik für die Wirtschaft durchaus ein Verhandlungspartner mit einer eigenen, starken Verhandlungsposition sein kann, wenn sie die Stärken oder Chancen ihrer Territorien nur wahrnimmt und entwickelt. Das Konzept der territorialisierten bzw. nicht territorialisierten Wirtschaftsaktivität kann besonders hilfreich sein, um die tatsächlich vorhandenen Gestaltungsspielräume zu erkennen. Die besonderen Bedingungen des Wirtschaftens, die für Unternehmen interessant sein können, die attraktiven Milieus, die innovativen Netzwerke, sie manifestieren sich vor allem in regionalen Zusammenhängen. Handlungsspielräume für die Politik bestehen somit vor allem da, wo sich die Möglichkeit bietet, unverwechselbare Qualitäten der Produktions- und Lebensbedingungen auf dem eigenen Territorium zu entwickeln, die von anderen Akteuren geschätzt und mitgestaltet werden. Netzwerke funktionieren nur dann, wenn alle Mitglieder überzeugt sind, daß die Teilnahme daran ihnen Vorteile bringt. Die Schaffung von Identitäten und gemeinsamen Leitbildern in regionalen Milieus, die die Idee der Nachhaltigkeit mittragen, wird damit zu einem wichtigen Element einer Politik der Nachhaltigkeit.

Handlungsspielräume in der Umweltpolitik

Die ökonomischen Auswirkungen einer an Nachhaltigkeitskriterien ausgerichteten Umweltpolitik können nicht eindeutig bestimmt werden. Es gibt eine Vielfalt ordnungspolitischer Ansätze und der Zielformulierungen des Begriffs.[108] Diese sollen hier nicht referiert werden – es ist auch für unser zentrales Argument nicht nötig: Nachhaltigkeit läßt nicht einfach auf die für die Standortdebatte zentrale Kategorie der Produktionskosten reduzieren. Es gibt zahlreiche Felder einer Politik der Nachhaltigkeit, die sich standortpolitisch eher positiv auswirken. Die anderen Bereiche bedürfen einer differenzierten Diskussion, die offenlegt, daß auch hier regionale und nationale Spielräume bestehen, die durch eine europäische Handlungsorientierung noch erweitert werden können.

Zu den Feldern, in denen die Spielräume groß sind, gehören der Bereich des ökologischen Konsums und Wertewandels, weiche Instrumente der Umweltpolitik und das erhebliche Potential von "noregret"- und "win-win"-Politiken.

Der von der Enquete-Kommission "Mensch und Umwelt"[109] für eine Politik der Nachhaltigkeit betonte "Wertewandel" oder die vom Wuppertal-Institut[110] propagierte "Suffizienzrevolution" deuten auf die kulturelle, nur beschränkt hoheitlich steuerbare Dimension von Nachhaltigkeit hin. Veränderungen im Konsumstil wirken sich unmittelbar auf Märkte aus. Sie werden damit im Wettbewerb stehende Unternehmen zu Anpassungsprozessen zwingen. Neue Lebensstile lösen Produkt- und Verfahrensinnovationen aus. Der Bereich der Lebenstile ist damit gegenüber der internationalen Verflechtung nicht nur relativ resistent – er kann auch Grundlage für ökonomisch bedeut-

---

[108] Vgl. dazu insbesondere die Gutachten für das BMWI zu den ordnungspolitischen Grundlagen der Nachhaltigkeit; Enquete-Kommission 1994.
[109] Enquete-Kommission "Schutz des Menschen und der Umwelt" 1994: 85f.
[110] Wuppertal-Institut für Klima, Umwelt, Energie 1995b.

same Innovationen sein. Das "neue Wohlstandsmodell", sofern es aus
der Gesellschaft heraus kommt, braucht also den Strukturwandel der
Weltwirtschaft nicht unmittelbar zu fürchten.

Zu diesem eher "weichen" Teil einer Politik der Nachhaltigkeit
müssen all die Informations- und Anreizinstrumente (Umweltzeichen,
Umweltaudit; freiwillige Selbstverpflichtungen; Umweltverträglich-
keitsprüfungen, Klagerechte) gezählt werden, die versuchen, durch
Verfahrensrecht umweltpolitisch dynamische Selbstregelungsmecha-
nismen zu installieren.[111] Gerade in ihrer Anreizfunktion wirken sie
eher in die Richtung einer besseren Nutzung vorhandener ökonomischer Spielräume. Allerdings sollten die Wirkungsgrenzen solcher
Instrumente nicht übersehen werden.[112]

Anders sieht es mit den Strategien aus, die eine "hoheitliche Umweltpolitik" und ökologische Anreize für das Marktgeschehen erfordern. Auch hier ist davon auszugehen, daß bedeutsame Teile einer
"Effizienzrevolution" nicht notwendigerweise die gesamten Kosten
erhöhen. Durch Rationalisierungsinvestitionen und die Senkung des
spezifischen Energie- und Rohstoffverbrauchs im Rahmen eines
"integrierten Umweltschutzes" können Umweltziele und betriebswirt-
schaftliche Ziele in Deckung gebracht werden.[113] Im europäischen
Kontext wird eine Strategie, die kostenneutrale Potential ausschöpft,
als "no-regret"-Strategie betrachtet – und insbesondere im Klimaschutz als beträchtlich angesehen.[114]

Außerdem muß auf die Innovationsvorteile einer Vorreiterrolle
hingewiesen werden.[115] Die Produkt- und Prozessinnovationen, die
ein nachhaltiges Wirtschaften auslöst, sind die Basis einer technologischen Kompetenz, die auch international früher oder später nachge-
fragt wird. Die "frühe inländische Nachfrage" nach Produkten ist eine
wichtige Grundlage für spätere Exporterfolge und die Standortbildung

---

[111] Vgl. dazu aktuell: Jänicke u.a. 1996.

[112] Vgl. Rennings u.a. 1996 zu den Selbstverpflichtungen; Hey/ Brendle 1994b zu
Umweltaudit und Umweltzeichen.

[113] So schon: Maaß 1986 oder das HWWA 1987; oder aktueller: Blazejczak u.a. 1993:
81f.

[114] Vgl. DRI 1994; EU-Kommission 1994c, noch weitergehend: Krause u.a. 1993.

[115] Vgl. Blazejczak u.a. 1993: 121; so schon: Jänicke 1986; Hey/ Jahns-Böhm 1989:
160f.

international erfolgreicher Unternehmen.[116] Ein gezielt ökologisch ausgerichteter Entwicklungspfad bietet damit auch die Chance, in weltwirtschaftlichen Schlüsselsektoren eine Kompetenz zu entwickeln, ohne im nachahmenden Wettbewerb um die sogenannten Schlüsseltechnologien zu tun, was alle anderen auch tun. In diesem Sinne liegt in einem klug austarierten Sonderweg auch eine gewisse Chance.

Allerdings wird eine konsequente Politik der Nachhaltigkeit hinsichtlich ihrer Eingriffsintensität über einen strukturneutralen Effizienzpfad hinausgehen müssen.[117] Auch das "Leitplankenszenario" des WBGU,[118] das einen ökologisch-ökonomischen Toleranzbereich zu identifizieren versucht, läßt sich nicht ohne "strukturpolitische" Komponente verwirklichen. Ein "ökologischer Strukturwandel" wird zu erheblichen Anpassungskosten für die davon hauptsächlich betroffenen Industriezweige führen. Dabei ist wieder eine sektoralisierte Betrachtungsweise notwendig, um zu herauszufinden, welche Sektoren besonders empfindlich sind. Außerdem muß, um die Spielräume zu identifizieren, systematisch zwischen Produktpolitik und anlagenbezogener Politik unterschieden werden.

Im folgenden sollen schrittweise die regionalen, die nationalen und die internationalen Handlungsspielräume für eine Politik der Nachhaltigkeit skizziert werden.

Regionale Handlungsspielräume

Die Abkehr vom nachgeschalteten Umweltschutz und eine auf Effizienz angelegte Umweltpolitik führen notwendigerweise zu einem Bedeutungsgewinn der regionalen Ebene. In den siebziger Jahren waren die Regionen der Ausgangspunkt vieler Umweltgruppen und Bürgerinitiativen, die sich gegen risikoträchtige, gefährliche oder die Natur zerstörende Großprojekte zu Wehr gesetzt haben. Oft war dieser

---

[116] Vgl. Vernon 1966; Porter 1990; Blazejczak u.a. 1993: 121.

[117] So: Hennicke 1990 in der Klimaschutzdebatte.

[118] WBGU, Wissenschaftlicher Beirat der Bundesregierung für Globale Umweltveränderungen 1996:113f.

Widerstand auch durch die Entwicklung neuer ökologischer Leitbilder für die Regionen begleitet.[119] Die regionale Ebene wird aus einer Reihe von Gründen zu einem strategischen Handlungsfeld einer Politik der Nachhaltigkeit:[120]

- Kleinräumige Stoff- und Energiekreisläufe sind leichter in natürliche ökologische Zusammenhänge einzubetten. Sie können in ihren Wirkungen besser überschaut und verantwortet werden und führen meist zu kleineren lokalen Belastungen (Beispiele sind Wasserver- und -entsorgung, Ernährung mit regionalen landwirtschaftlichen Produkten).

- In kleinräumigen Zusammenhängen können Technologien verwendet werden, die den lokalen Gegebenheiten angepaßt sind (z.B. zur Nutzung regenerierbarer Energien).

- Der Transportaufwand wird durch möglichst kleinräumige Versorgungsstrukturen gesenkt.

- Der Steuerungs- und Koordinationsaufwand ist in überschaubaren Strukturen mit informellen Kommunikationszusammenhängen kleiner.

- Vor allem aber ist durch unmittelbare Erfahrung eine Chance für die wirksame Übernahme von Verantwortung gegeben – auch wenn natürlich ein regionales Sankt-Florians-Prinzip oft dazu verführt, von außen herangetragene Belastungen abzulehnen, aber durchaus selber Probleme auf benachbarte Regionen abzuwälzen.

In den letzten Jahren sind zahlreiche Konzepte entwickelt worden, für die die regionale Ebene eine zentrale Bedeutung hat:

- Im Landwirtschaftsbereich wurden neue Bündnismöglichkeiten zwischen der umweltorientierten, regionalen Landwirtschaft, der Gastronomie und Tourismusgewerbe und anderen regionalen Abnehmern gefunden.[121] Mit der immer wieder neu provozierten Vertrauenskrise in die Verläßlichkeit industrieller Methoden der Lebenmittelbearbeitung und Herstellung (Gentechnologie, Rin-

---

[119] Vgl. zu Südbaden: Schleicher-Tappeser u.a. 1992.
[120] Vgl. Schleicher-Tappeser 1992b.
[121] Vgl. Thomas 1992; Rosenberger-Balz u.a. 1991.

derwahnsinn etc.) gewinnen regionale Vermarktungs- und Marketingstrategien zunehmend an Bedeutung. Dezentrale Märkte, die Direktvermarktung von Lebensmitteln und die Werbung regionaler Lebensmittelhersteller mit der regionalen Herkunft ihrer Produkte sind Beispiele hierfür.

■ In der Energiediskussion ist die "Rekommunalisierung" der Energiewirtschaft seit mehr als einem Jahrzehnt zentraler Bestandteil von Energieeffizienzkonzepten.[122] Diese wurden auch für Landkreise entwickelt. Durchdachte Konzepte in überschaubaren, lokalen Zusammenhängen erlauben die Mehrfachnutzung von Energie oder die gekoppelte Nutzung von Kraft und Wärme bei der Stromerzeugung. Mit dem Bedeutungsgewinn regenerativer Energiequellen (Sonne, Wind, Wasser, Holz) hat auch die regionale Dimension solcher Energiekonzepte zugenommen.

■ In der Verkehrsdiskussion fand mit der Bahnreform 1994 bereits ein entscheidender Schritt der Regionalisierung von Verkehrspolitik statt. Die immer intensiveren Pendlerverflechtungen in Stadt-Umland-Gebieten oder großräumigen Agglomerationen erfordern auch regionalisierte Angebotsstrategien und eine entsprechende Neuverteilung der Kompetenzen für den öffentlichen Nahverkehr. Regionen bilden sowohl im Güter- als auch im Personenverkehr Knotenpunkte verschiedener Verkehrssysteme. Die Ideen für Mobilitätszentralen, Verkehrsdienstleistungen oder Citylogistik sind in diesem Zusammenhang entwickelt worden, um eine bessere Koordination der Verkehrsabläufe und eine Verkehrsreduktion durch bessere Auslastung der Verkehrsmittel zu erreichen.[123]

■ Auch im Abfallbereich oder der Flächennutzungsplanung haben sich die Stadt-Umland-Beziehungen intensiviert. Das Leitbild der "dezentralen Konzentration", das u.a. für eine verkehrssparende Raum- und Siedlungsstruktur entwickelt worden ist[124] gehört hierzu.

Solche Schlüsselbereiche eines ökologischen Strukurwandels (Energie, Wohnen, Verkehr, Landwirtschaft) sind eher verbraucher-

---

[122] Vgl. Hennicke u.a. 1985.
[123] Vgl. Hesse u.a. 1995.
[124] Baum u.a. 1994, Hesse 1996.

nah und binnenorientiert. In diesen verbrauchernahen Bereichen geht es oft um die Förderung regionaler Dienstleistungen (Energiesparberatung, Drittfinanzierungsmodelle, Mobilitätszentralen, Fracht- und Citylogistik; ÖPNV; Produktleasing und Produzentenverantwortung; Direktvermarktung landwirtschaftlicher Produkte), die nicht oder nur beschränkt internationalisierbar sind.

Regionale Umweltpolitik ist damit vor allem Querschnittspolitik, selten werden dort Emissionsvorschriften, Normen etc. erlassen. Es geht insbesondere um die umweltgerechte Weiterentwicklung wichtiger regionaler Infrastrukturen, des Naturschutzes und der Flächennutzungsplanung. Hier bestehen erhebliche Handlungsmöglichkeiten, wenn sie von den regionalen Trägern gewünscht werden. Um die Aufmerksamkeit dieser regionalen Akteure auf die natürlichen und regionalen Entwicklungspotentiale sowie die ökologischen Expansionsgrenzen zu richten, wird vielfach eine szenariengestützte Entwicklung regionaler Entwicklungsleitbilder empfohlen. Diese sollen die Aktivitäten der privaten und öffentlichen Akteure koordinieren.[125] Dabei spielen ökologische Marketingaspekte eine zunehmende Rolle (z.B. in den Projekten Solarregion Freiburg, Umweltgerechter Tourismus im Belchenland, Holzkette im Schwarzwald).

Zu betonen sind jedoch auch die Handlungsgrenzen einer Politik im regionalen Rahmen. Die Marktchancen vieler innovativer Ökodienstleistungen hängen vielfach von den national oder europäisch definierten Preisen der Konkurrenzprodukte ab (Energiepreise, Transportkosten, Abfallentsorgungskosten; ökologisch fehlgeleitete Agrarsubventionen). Insofern geben die zunehmend europäisch definierten Preisverhältnisse zwischen umweltschädlichen Aktivitäten und ihren umweltfreundlicheren Alternativen einen nicht zu unterschätzenden Handlungsrahmen ab.

Zudem sei nochmals darauf hingewiesen, daß auch Regionen zur Externalisierung von Problemen (z.B. das Ober-Unteraniegerproblem an Flußläufen) und auch zu Übernutzung natürlicher Ressourcen neigen können, wenn deren Schutz nicht angemessen geregelt ist.

---

[125] Fürst 1995.

Oft fehlen den Regionen auch noch zentrale Ressourcen (eigene, nicht fremdbestimmte Finanzmittel, Kompetenzen und Rechte), um eine umweltorientierte Regionalentwicklung wirksam vorantreiben zu können.

So kann man also feststellen, daß Regionen viel leisten können – aber oft auch auf die Kooperation und Unterstützung der höheren politischen Ebenen angewiesen sind.

Nationale Handlungsspielräume

Hinsichtlich der außenwirtschaftlichen Dimension von Umweltpolitik wird traditionell zwischen Produktnormen und Produktionsnormen unterschieden.[126] Produktpolitik bezieht sich auf jegliche politische Maßnahme, die auf die Verminderung der mit dem Ge- und Verbrauch eines Produktes verbundenen Umweltprobleme zielt. Dies kann von Abgasnormen für Autos bis zum Verbot von Gefahrstoffen reichen. Produktpolitik kann Anreizinstrumente, Abgabenlösungen oder Verbote beinhalten. Produktionsnormen beziehen sich auf den anlagenbezogenen Umweltschutz, also in traditioneller Weise auf alle Politiken, die auf die Senkung von Abfall, Abwasser und Luftverschmutzung aus Industrieanlagen gerichtet sind oder die Anlagensicherheit betreffen. Auch hier kommt es zuerst nicht auf das gewählte Instrument an, durchaus aber auf die Intensität des Eingriffes. Sowohl die Betroffenenkonstellation, die Handlungsspielräume für national einseitige Maßnahmen als auch die Wohlfahrtseffekte des Weltmarktes sind bei diesen beiden Gegenständen der Umweltpolitik unterschiedlich.

Produktnormen

Nimmt man einen internationalen Warenaustausch ohne eine ökologische Produktpolitik an, so muß man davon ausgehen, daß die Um-

---

[126] vgl. Rehbinder/Stewart 1986; Walter 1975; Kulessa 1995.

weltschädigung beim Ge- und Verbrauch von Produkten anfällt – also in dem Land, in dem die Produkte konsumiert werden. Im internationalen Handel importiert also ein Land die Umweltbelastung mit den umweltbelastenden Produkten, das exportierende Land hat unter Umständen eine Umweltentlastung.[127]

Eine nationale Produktpolitik, die auf die Verminderung dieses Schadstoffimportes ausgerichtet ist, wirkt sich allerdings wie ein Handelshemmnis aus und muß sich daher an den Bedingungen des GATT-Vertrages[128] und des EU-Vertrages[129] messen lassen. Die Grundprinzipien sind in beiden Rechtswerken ähnlich: Nichtdiskriminierung, d.h. Gleichbehandlung von Ausländern und Inländern; Reziprozität, d.h. die Symmetrie von handelspolitischen Maßnahmen; und Verhältnismäßigkeit. Verhältnismäßigkeit wird zumeist so verstanden, daß nach der Variante mit dem geringstmöglichen Eingriff in den internationalen Handel gesucht werden muß, um ein umweltpolitisches Ziel zu erreichen.

Die EU hat gegenüber den GATT-Verträgen mit der Stillhalteverpflichtung und den Einspruchsrechten der Europäischen Kommission[130] klare und verbindliche Verfahrensregeln bei der Formulierung einer nationalen Produktpolitik entwickelt.

Produktpolitisch ergibt sich damit ein Dilemma: Aus der Sicht nationaler Betroffenheit besteht eventuell ein großer Handlungsbedarf. Die nationalen Handlungsmöglichkeiten sind aber im Kontext der beiden wichtigsten internationalen Handelsregime, des GATT und der EU, strengen Bedingungen unterworfen. Dies muß als "Restriktion", aber nicht als "Unmöglichkeit" für eine nationale Produktpolitik gewertet werden.

Hieraus ergibt sich ein dringender internationaler, zumindest europäischer Koordinationsbedarf, wenn man die ökologischen Folgekosten des Konsums umweltschädlicher Produkte eindämmen will.

---

[127] vgl. Kulessa 1995: 64.
[128] Art. 20.
[129] Art. 36, 100a. Vgl. dazu Ward 1996; die Diskussion zusammenfassend: Hey 1994b: 38-42; Eckrich 1994.
[130] vgl. Hey/Jahns-Böhm 1989.

Produktionsnormen

Produktionsnormen beziehen sich auf die umweltpolitische Kontrolle von Produktionsprozessen durch Emissionsgrenzwerte, Standards für die Anlagensicherheit oder das Genehmigungsrecht. Sowohl die Betroffenheitskonstellation als auch die Handlungsrestriktionen sind bei der anlagenbezogenen Politik völlig anders.

Ohne Umweltpolitik fällt der Umweltschaden dort an, wo produziert wird. Ein Land, das vor allem umweltintensiv hergestellte Güter exportiert, trägt damit den hauptsächlichen Schaden selber (wenn man von der grenzüberschreitenden Umweltverschmutzung und der Übernutzung "globaler Güter" wie Klima oder Biodiversivität absieht). Das importierende Land profitiert entsprechend ökologisch davon.

Entschließt sich ein Land, das umweltintensiv hergestellte Güter produziert, im nationalen Alleingang die ökologischen Folgekosten der Produktion zu vermindern, dann verteuert sich die entsprechende Produktion. Umweltintensiv hergestellte Güter werden relativ zum Ausland teurer. Dies kann Auswirkungen auf die industrielle Wettbewerbsfähigkeit und die unternehmerischen Standortentscheidungen haben.

Nach einhelliger Übereinstimmung ökonomischer Gutachten[131] bestehen allerdings erhebliche ökonomische Spielräume für nationale Vorreiterrollen. Unter den Bedingungen hoher Produktivität, mäßiger Preissensibilität der Nachfrage und niedriger Umweltkostenanteile (sie liegen im Durchschnitt unter 1,5% der Produktionskosten) hat die bisherige Umweltpolitik der deutschen Industrie keine nennenswerten Nachteile aufgebürdet. Die umweltbelastendsten Industrien haben sogar ihre Position halten können. Diese Fakten können auch nicht durch die propagandistische Bezugnahme auf einzelne Extremfälle in

---

[131] vgl. Blazeijcalk u.a. 1993; Kulessa 1995; Zimmermann/ Kahlenborn 1994; Sprenger 1992; früher schon: Sprenger 1981; HWWA 1987; Knödgen 1982.

Frage gestellt werden.[132] Auch Standortverlagerungen wegen des Umweltschutzes lassen sich selten belegen. Die bisherige Umweltpolitik hat also die vorhandenen ökonomischen Spielräume für eine Vorreiterrolle (v.a. in der Luftreinhaltepolitik der achtziger Jahre und der Abwasserpolitik seit den siebziger Jahren) nicht überzogen. Es gibt offensichtlich eine ökonomische Toleranzbreite für eine Vorreiterrolle, die von Einzelfall zu Einzelfall diskutiert werden muß. Ob diese Toleranzbreite für eine anspruchsvolle Politik der Nachhaltigkeit im nationalen Alleingang immer ausreicht, mag bezweifelt werden. Ein umweltpolitischer Stillstand kann allerdings standortpolitisch nicht gerechtfertigt werden. Dieses Problem soll weiter unten am Beispiel besonders betroffener Sektoren und der diskutierten Energie-/ CO_2-Steuer verdeutlicht werden.

Aus wohlfahrtsökonomischer Sicht allerdings beeinträchtigt eine unvollständige Kosteninternalisierung die Wohlfahrtseffekte des Freihandels erheblich. Verzichtet ein Land auf die Internalisierung der externen Kosten seiner Produktion, dann entsteht eine Verzerrung des internationalen Handels. Die Produktion umweltintensiv hergestellter Güter wird über das "ökonomische Optimum" hinaus wachsen, also mehr Umweltschäden verursachen, als notwendig wäre.[133] Die neoklassische umweltökonomische Mindestforderung besteht darin, daß jedes Land entsprechend seiner ökologischen Knappheiten seine Kosten internalisiert. Dabei sind die externen Kosten einer Schadstoffeinheit in Ländern mit hoher Zahlungsbereitschaft höher als in Ländern mit niedrigen. Umweltökonomisch optimaler Umweltschutz[134] ist also nicht mit gleichen Umweltstandards gleichzusetzen.

---

[132] So z.B. der BDI auf einer Tagung über Umweltschutz und Industriestandort zu den entsprechenden Gutachten von RWI und DIW. Dort wird auf das Beispiel der Norddeutschen Affinerie AG bezug genommen, die einen Umweltschutzkostenanteil von 19% am Umsatz hat (vgl. HB vom 19.10.1993). Auf die Tatsache, daß die Mineralölindustrie zu den kaum internationalisierten Industrien gehört (siehe oben; vgl. auch: Hey/ Jahns-Böhm 1989: 157) wird dabei aber nicht hingewiesen.

[133] Kulessa 1995:72.

[134] Es ist hier nicht der Platz, die Diskussion zu eröffnen, ob das neoklassische "Optimum" auch "nachhaltig" und zukunftsfähig ist, es kann zumindest bezweifelt werden. Siehe dazu: Maier-Rigaud 1988; und einige der Gutachten für das BMWI, v.a.: Meyerhoff u.a. 1995:54f.

Unter den Bedingungen des "Systemwettbewerbs", des Wettbewerbs der Politik um attraktive Standortbedingungen, sowie unvoll-
kommener Märkte ist selbst die neoklassische Mindestanforderung oft
nicht durchzusetzen. Die unter scharfem Wettbewerbsdruck stehenden
Unternehmen werden versuchen, ökologische Kosten zu externalisie-
ren und entsprechend auch Druck auf die Regierungen auszuüben. In
einer dynamischen Perspektive wirkt sich also "Freihandel" umwelt-
zerstörerisch aus – weil eine sich automatisch einstellende Internalisierung der Kosten als realitätsfern, als "Nirvana-Ansatz"[135] angesehen werden muß. KULESSA[136] begründet mit diesem Argument internationale Umweltschutzabkommen, die Mindestnormen entwik-
keln.

Eine sektorale Betrachtungsweise:
Welche Wirtschaftssektoren sind wirklich
von einer Vorreiterrolle betroffen, welche nicht?

Die folgende Analyse versucht, die Wirtschaftssektoren zu identifizieren, die tatsächlich von der Globalisierung erfaßt sind. Dies ist besonders relevant, um branchenspezifische Handlungsspielräume zu identifizieren. In der Analyse wird dabei besonderer Wert auf die Branchen mit relativ hohen Umweltschutzkostenanteilen (bzw. Umwelt-
schutzinvestitionskostenanteilen an den Gesamtinvestitionen) gelegt.
Danach soll noch einmal untersucht werden, wie relevant für diese
Branchen wiederum der europäische Bezugsrahmen ist.

Nimmt man die drei großen Sektoren, dann ist die internationale
Handelsverflechtung vor allem für die Industrie relevant. Die Exportquote des deutschen Dienstleistungssektors beträgt 1990 lediglich
13,7% – zieht man davon den Verkehr und die Nachrichtenvermitt-
lung ab, nur 2,7%. Das verarbeitende Gewerbe hat hingegen eine
Exportquote von 31,7%.[137] Im verarbeitenden Gewerbe gibt es wiederum beträchtliche Unterschiede in der Außenverflechtung. Diese

---

[135] So Kulessa 1995: 72.
[136] Kulessa 1995.
[137] Vgl. Härtel u.a. 1995: 81.

reichen von einem Summenanteil von Exporten und Importen an der Wertschöpfung von unter 20% bis zu 250%.[138]

Betrachtet man nun besonders die als umweltintensiv bezeichneten Branchen,[139] d.h. die Branchen mit überdurchschnittlichen Anteilen an Umwelttschutzinvestitionen, so stellt man fest, daß die Mehrzahl von ihnen eine unterdurchschnittliche Außenwirtschaftsverflechtung hat. Dies gilt insbesondere für Gießereien, Steine und Erden, die netzgebundene Energieversorgung, die Mineralölverarbeitung und die Holzverarbeitung. Diese eher binnenmarktbezogenen Branchen haben damit im internationalen Vergleich eine erhebliche ökonomische Toleranz für Umweltkostenunterschiede.

Zu den Branchen mit einem Außenhandelsverflechtungsanteil von über 60% gehören die Zellstoff-, Holzschliff- und Papierindustrie, die Nicht-Eisen-Metallerzeugung und die Chemieindustrie, die zusammen 6,9% der Industriearbeitsplätze in Deutschland stellen.[140] Für diese Branchen erscheinen die Handlungsmöglichkeiten für einen nationalen Alleingang auf den ersten Blick beschränkter.

Betrachtet man nun die Regionalstruktur der Außenhandelsverflechtung dieser Branchen, so stellt man fest, daß diese eine besonders intensive "Nahverflechtung" haben; dies gilt vor allem für die Chemieindustrie.[141] 77,8% aller Importe und 67,7% aller Exporte der deutschen Chemieindustrie kommen aus oder gehen nach den westeuropäischen Nachbarländern.[142] Mit anderen Worten: Diejenige Branche, die eine hohe Umweltrelevanz, einen hohen Beschäftigungsanteil und eine hohe Außenhandelsverflechtung hat, ist nicht "globalisiert", sondern nur "europäisch". Dies gilt in noch stärkerem Maße für die Zellstoff- und Papierindustrie (mit einem Europaanteil von 81,9%). Lediglich die NE-Metallverarbeitung bezieht über 40% der Importe aus nichteuropäischen Ländern (vgl. Tabelle 2). Für diese Branchen erhält damit die europäische Politikebene umweltpolitisch eine strategische Relevanz.

---

[138] Härtel u.a. 1995: 81.
[139] Nach Voss 1996: 39.
[140] ibid.
[141] Härtel u.a. 1995: 134.
[142] Härtel u.a. 1995: 135.

Tabelle 2. Der Außenhandel umweltsensibler Branchen in der BRD 1992

	Anteil der Umweltinvest. an Gesamtinvest. der Branche in %	Anteil an den Erwerbstätigen des Prod. Gewerbes in %	Export-quote	Anteil Westeuropas an den Exporten	Import-quote	Anteil Westeuropas an den Importen
Chemische Industrie	13,8	5,9	51,2	67,7	35,3	77,8
Steine und Erden	6,2	1,7	13,0	76,9	15,9	78,1
Eisenschaffende Industrie	7,7	1,7	47,9	73,0	40,5	84,4
Gießerei	10,2	0,9	10,6	77,2	8,9	80,5
NE-Metallindustrie	6,7	0,7	54,9	79,4	81,1	58,1
Zellstoff, Holzschliff, Papier, Pappe	11,6	0,5	45,0	81,0	80,2	81,9
Holzverarbeitung	9,1	0,4	14,2	85,5	23,4	71,0
Ledererzeugung	10,7	0,4	45,2	66,6	134,8	59,7
Mineralölverarb.	12,3	0,3	10,0	69,0	26,5	76,0
Verarb. Gewerbe	4,9	79,4	37,9	70,2	32,7	67,5

Quelle: Statistisches Bundesamt (zit. nach Voss 1996, Härtel u.a. 1995)/ Eigene Zusammenstellung

Interessant ist, daß auch in diesen Branchen trotz überdurch-
schnittlicher Umweltstandards kein nennenswerter Standortnachteil zu
beobachten ist. Deutschland ist selbst bei umweltintensiv hergestellten
Produkten Exportweltmeister.[143] Diese hatten 1988 einen Welthan-
delsanteil von 11,9% (oder 45,6 Mrd. US $), was genau dem deut-
schen Durchschnitt entspricht. Die deutsche Umweltpolitik hat der
traditionellen Spezialisierung auf umweltintensive Exportgüter (so
bereits die Strukturberichterstattung von HWWA und RWI von 1987)
keinen Schaden zugefügt. Dies kann durch die die hohe Bedeutung
der wirtschaftlichen Nahverflechtung mit den europäischen Nachbarländern, durch die Tatsache teilharmonisierter europäischer Umweltstandards und die hohe Bedeutung nichtpreislicher Wettbewerbsfakto-
ren erklärt werden.

Das Beispiel der Energie-/CO$_2$-Steuer

Für eine Analyse der ökonomischen Auswirkungen einer Politik der
Nachhaltigkeit insgesamt gibt es bisher keine Untersuchungen. Allerdings lassen sich einige der Probleme am Beispiel der Diskussion
eine Klimaschutzsteuer diskutieren. Im europäischen Rahmen gibt es
für diese seit 1992 einen ausgearbeiteten Vorschlag, im nationalen
Rahmen hat insbesondere das DIW die ökonomischen und sektoralen
Wirkungen berechnet. Zu betonen ist, daß mittlerweile Dänemark,
Finnland und Schweden relevante CO$_2$-Steuern im nationalen Alleingang eingeführt haben.[144]

Auf der Basis verschiedener Untersuchungen wird offensichtlich,
daß eine Klimaschutzsteuer nur für einige Branchen zu signifikanten
Kostenerhöhungen führt. Das DIW nimmt in seiner Untersuchung
eine reale jährliche Preiserhöhung von 7% für die Energieträger an.
Die EU-Kommission hat ihren Kalkulationen eine schrittweise Erhö-
hung der Energiesteuern von 3 auf 10$ per Barrel bis zum Jahre 2000
zugrundegelegt, was je nach Energieträger einem Preisanstieg von

---

[143] Blazeijcak 1993: 91f.
[144] Vgl. OECD 1995i; Cansier/ Krumm 1996; Wuppertal-Bulletin 1996: 17f.

7–60% bedeutet. Besonders betroffen sind die Eisen- und Stahlindustrie, die Chemieindustrie, die NE-Metallerzeugung und Steine/ Erden. Nimmt man hier eine vollständige Preisüberwälzung und keine Kompensation an, so erwartet das DIW für diese Branchen einen Preisanstieg von 8,3–22,8%. Diese liegen im Durchschnitt um ca. 3% niedriger, wenn diese Unternehmen durch die Senkung der Lohnnebenkosten entlastet werden.[145] Die Europäische Kommission[146] hat für den Fall der Eisen- und Stahlindustrie weiterhin ausgerechnet, daß der tatsächliche Kostenanstieg nur halb so hoch ist, da die Unternehmen durch Energiesparmaßnahmen, Treibstoffsubstitution und ähnliches auch auf die neuen Preise reagieren können. Nimmt man nun realistische Annahmen über die Außenhandelsverflechtung dieser Branchen, über die Preisabwälzungsmöglichkeiten etc. an, so sind die mittelfristigen Produktionseinbußen nur noch für drei Branchen (Energieindustrie, Chemie und NE-Metallerzeugung) signifikant.[147] Sie liegen aber auf der Basis des Steuervorschlags der Kommission bei unter 5% des Produktionswertes, der in in einem Zeitraum von 12 Jahren erwartet wird (außer bei der Energieindustrie, wo eine Reduktion ja gewünscht ist). Solche Größendimensionen können als "zumutbar" und "wirtschaftsverträglich" gewertet werden.[148] Es ist deshalb nicht gerechtfertigt, mit Rücksicht auf einige Industrien, für die eine europäische Energiesteuer tatsächlich einen signifikanten Einschnitt darstellt, auf ein solches Instrument insgesamt zu verzichten, wie es die verschiedene Industrielobbies wiederholt gefordert haben. Dabei wurde mit Produktionsverlagerungen und ernsthaften Gefährdungen für den Standort gedroht.[149]

---

[145] Zwiener 1995:32.
[146] Koopman u.a.1992.
[147] Koopman u .a. 1992: 137.
[148] Sie liegen in der Schwankungsbreite unternehmerischen Risikos und des weltwirtschaftlichen Strukturwandels. Durch Anpassung, Diversifizierung etc. lassen sich solche Risiken unternehmerisch abfedern.
[149] "Ölindustrie: Ökokosten benachteiligen deutsche Raffinereien", HB 4.1.1996; "Mehr Verlierer als Gewinner?", Die Zeit 26.5.1995; "Chemie: Energiesteuern bewirken das Gegenteil von Umweltschutz", HB 14.5.196; "Chemie: Gegen einseitige Belastung des Standorts", HB 27.9.1995; "BDI: Kritik an Plänen zur Einführung von Energiesteuern", HB 28.7.1995; "Ökosteuer: Gefahr für den deutschen Standort – Ein Experiment, das nicht zu verantworten ist", HB 8.11.1994.

Im Falle eines nationalen Alleinganges könnten jedoch für einzelne Branchen unzumutbare Risiken auftreten. Allerdings kann dem auch kreativ begegnet werden. Bereits der Vorschlag der EU-Kommission enthielt eine Klausel für besonders energieintensive Industrien:[150] Ab einem bestimmten Anteil an den Energiekosten sollten Großverbraucher von der Zahlung der Energiesteuer freigestellt werden. Eine pauschale Steuerbefreiung ohne Gegenleistung würde die Effektivität einer Steuer allerdings beeinträchtigen. Sie wäre dennoch das kleinere Übel gegenüber dem Verzicht auf die Steuer. Der Kommissionsvorschlag hat damals bereits verschiedene andere Möglichkeiten auf nationaler Ebene diskutiert, die Befreiung von der Steuerzahlung mit betrieblichen Eigenanstrengungen zur Energieeffizienz zu verrechnen. Einen solchen Weg geht Dänemark seit Anfang 1996. Erstens wird dort der Steuersatz nach dem Anteil der Energiekosten an der Produktion gestaffelt. Zweitens haben Industriebetriebe die Möglichkeit, freiwillig an einem "Energie-Audit" teilzunehmen. Auf diesem Hintergrund können sie eine weitere Senkung des Steuersatzes erreichen.[151] In der Diskussion sind weiterhin spezielle Förderprogramme für energieintensive Industrien oder die Verrechnung mit freiwilligen Selbstverpflichtungen.

Das DIW schlägt desweiteren eine Wechselkursanpassung im Falle eines nationalen Alleingangs vor. Diese hilft jedoch besonders betroffenen Branchen nur beschränkt und hängt von zahlreichen anderen Faktoren ab, so daß diese Option eher unrealistisch erscheint. Dennoch gibt es für eine nationale Vorreiterpolitik Handlungsspielräume, wenn man sie mit der notwendigen Flexibilität, Behutsamkeit und gewissen Zugeständnissen an die besonders betroffenen Branchen kombiniert. Sie erweitern sich umso mehr, je höher ein harmonisierter europäischer oder globaler Plafond eingezogen wird. So läßt sich eine dynamische umweltpolitische Spirale vorstellen, die nach dem in Abb. 2 aufgezeigten Modell abläuft.

---

[150] vgl. EG-Kommission 1992o.
[151] Wuppertal Bulletin 1/96: 17.

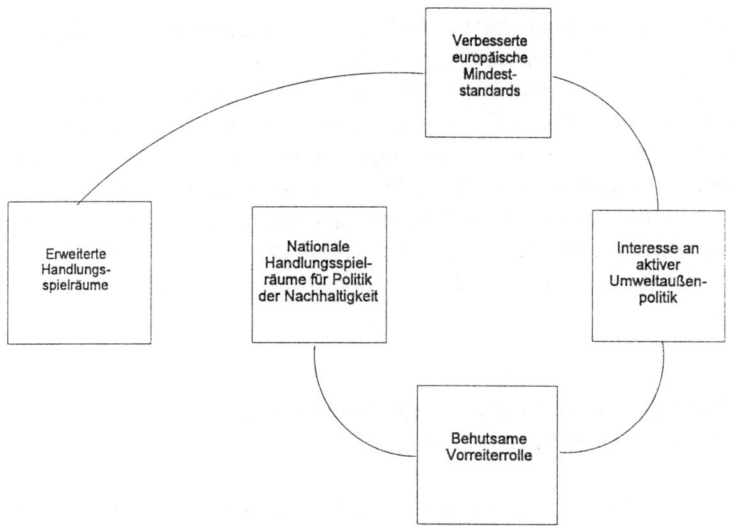

Abb. 2. Dynamische europäische Umweltpolitik

Diese generellen Überlegungen lassen sich grundsätzlich auf alle Bereiche der Politik der Nachhaltigkeit übertragen. Dabei ist allerdings zu diskutieren, welche Realisierungschancen man internationalen Vereinbarungen überhaupt geben kann. Dies erfolgt im nächsten Kapitel.

Internationale und europäische Handlungsspielräume

In diesem Kapitel werden die Chancen internationaler Kooperation für eine nachhaltige Entwicklung auf zwei Ebenen diskutiert: Zum einen werden die Chancen internationaler Umweltabkommen auf der Basis der Diskussion um internationale Regime dargestellt, zum anderen die besonderen politischen, ökonomischen und institutionellen Ausgangsbedingungungen in der EU skizziert. Vor diesem Hinter-

grund werden dann die Erfolgsbedingungen einzelner umweltpolitischer Fortschritte auf europäischer Ebene diskutiert.

Diese Diskussion liefert nicht nur einige Argumente für die Chancen internationaler Koordination, sondern auch für die strategische
Rolle einer aktiven Umweltaußenpolitik im Rahmen solcher internationaler Verhandlungen. Unser Argument ist weiterhin, daß trotz eines
erheblichen Verbesserungsbedarfs und relativ ungünstiger ökono-
misch-politischer Ausgangsbedingungen das institutionelle System
der EU für internationale Kooperationslösungen besonders förderlich
ist.

Wider den Pessimismus bei der Bewertung internationaler Abkommen

In der politischen Analyse der internationalen Beziehungen dominier-
te lange Zeit die "realistische Schule", die internationale Beziehungen
in einem Modell einer anarchischen Interaktion von strategisch han-
delnden Nationalstaaten analysierte. Fragen wie nationale Sicherheit
und Macht dominieren dabei das Verhältnis zwischen Staaten. Kooperation erscheint der realistischen Schule unwahrscheinlich, da der
Vollzug einer Vereinbarung als nicht durchsetzbar angesehen wird,
eine Konkurrenzbeziehung zwischen den einzelnen Akteuren besteht
und durch sog. Trittbrettfahrerverhalten Vereinbarungen unwirksam
gemacht werden. Die Folge dieser mangelnden Kooperation ist die
Übernutzung öffentlicher Güter und eine "Tragödie der Allmende"
wird wahrscheinlich.[152]

Die deutsche Umweltpolitik wird oft in einem solchen Szenario
dargestellt und wahrgenommen. Engagierte deutsche Umweltpolitiker
setzen sich auf internationalen Konferenzen vergeblich für gemeinsame Lösungen ein. Die Welt ist umweltpolitisch desinteressiert und ein
deutscher Alleingang erscheint einerseits zu kostspielig und andererseits ökologisch nicht wirksam.

---

[152] Dazu kritisch: Haas 1990: 35f; Wolf 1991: 29; Zürn 1992: 6f.

Dieser "realistische Pessimismus" wurde seit Anfang der achtziger Jahre durch die Diskussion um internationale Regime in Frage gestellt. Unter internationalen Regimen werden themenbezogene internationale Abkommen verstanden, in denen bestimmte gemeinsame Prinzipien formuliert, Normen und Regeln aufgestellt werden, denen sich die nationalen Akteure fügen, und in denen bestimmte Verfahren der Konfliktregelung und der Weiterentwicklung der Kooperation entwickelt werden.[153] Die Regimetheorie hält es für möglich, daß rational und strategisch handelnde Staaten aus Eigeninteresse in der Lage sind, institutionalisierte Formen der internationalen Kooperation zu bilden. Im Umweltbereich gibt es derartige internationale Regime zum Schutz der Weltmeere, der Antarktis und der Ozonschicht sowie in bescheidenen Ansätzen zum Klimaschutz.[154] Ein wichtiger Beitrag der Regimetheorie ist die Analyse der Bedingungen für eine Kooperation zwischen Staaten in Abwesenheit einer Zentralinstanz.[155]

Internationale Regime werden dort notwendig, wo weder Harmonie zwischen den Akteuren besteht noch eine optimale Allokation über den Marktmechanismus gewährleistet ist. Im Falle harmonischer Beziehungen bedarf es keiner aktiven Koordinationsleistungen, da diese sich quasi von selbst ergeben.[156] Regime sind auch in den Fällen nicht notwendig, in denen der Marktmechanismus funktioniert. Sie werden aber in den Fällen relevant, in denen man von (Welt-)Marktversagen ausgehen muß.[157] Internationale Kooperation kann also unter bestimmten Bedingungen zu Lösungen beitragen, die die Teilnehmer besser stellt, als wenn sie nicht kooperieren. Es gibt zahlreiche Konstellationen, in denen solche "Kooperationsgewinne" erzielt werden können:

Die bekannteste ist das "Gefangenendilemma". So werden typische Situationen bezeichnet, in denen individuelle und kollektive Rationalität auseinanderfallen und in denen das individualistische

---

[153] Vgl. Krasner 1983: 1.
[154] Vgl. WBGU 1996; Oberthür 1993, 1995.
[155] Vgl. Breitmeier u.a. 1993: 164.
[156] Keohane 1984.
[157] Keohane 1984: 50. Beispiele für "Marktversagen" und die Notwendigkeit einer politischen Korrektur des Marktmechanismus sind:

Kalkül zu einem schlechteren Ergebnis führt als bei einer Kooperation. In den internationalen Beziehungen existieren solche Situationen
vielfach: Das Land Sachsen mag zwar durch großzügige Subventio-
nen den Produktionsstandort für VW attraktiv machen – sollte sich
aber jede europäische Region derart verhalten, entsteht ein Subven-
tionswettlauf, der den Ruin der öffentlichen Hand bewirkt. Nur eine
Einigung auf gemeinsame Spielregeln für die Förderung von Unternehmen kann eine solche Situation vermeiden. Auch die Übernutzung
"globaler Güter" folgt dieser Logik. Der Vorteil der individualistischen
Strategie ist nur vorübergehend – sobald die globale Ressource ver-
braucht ist, führt dies in die Verelendung aller.

Als Grenze internationaler Verhandlungslösungen gilt gemeinhin
die "Pareto-Grenze".[158] Kooperation gelingt nur dort, wo es zumindest für einen Beteiligten noch einen Wohlfahrtsgewinn gibt, ohne
daß der andere dadurch Nachteile erleidet. Problemlösungen, die mit
einer Umverteilung verbunden sind, haben es dagegen relativ
schwer.[159] Aber auch diese Grenze kann übersprungen werden, selbst
wenn ein Teilnehmer Nachteile hinnehmen muß. Unter der Bedingung, daß die Kooperationslösung insgesamt einen Wohlfahrtsgewinn
mit sich bringt und die Nachteile des Teilnehmers kompensierbar
sind, kann der Gewinner den Verlierer durch Kompensationsangebote
dennoch zur Kooperation gewinnen.

Diese Argumentation zeigt, daß die Bildung internationaler Regime zwar möglich, aber dennoch sehr voraussetzungsvoll ist.

Am einfachsten ist Kooperation, wenn keine Verteilungskonflikte
auftauchen.[160] Kooperation wird erschwert, wenn eine Problemlösung
auch mit Verteilungsfragen gekoppelt wird. Am schwierigsten ist
Kooperation, wenn nur ein Teilnehmer ein Kooperationsinteresse hat,
während der andere nur Nachteile aus der Kooperation zieht. Der
Schutz der Antarktis, wo es zwar zukünftige Nutzungsansprüche, aber
keine aktuellen Besitzstände zu verteidigen gilt, ist damit einfacher als
die Beschränkung der Übernutzung von Fischereibeständen. Dort
werden Besitzstände berührt. Der Konflikt zwischen Skandinavien

---

[158] Vgl. Krasner 1983: 139.
[159] Vgl. theoretisch: Scharpf/ Mohr 1994.
[160] Zu einem Stufenmodell der Kooperationshürden Zürn 1992: 17f.

und Großbritannien um die Versäuerung der skandinavischen Seen
und den Export von Luftschadstoffen aus Großbritannien gehört zur
letzteren Kategorie.[161]

Je schwieriger es ist, eine Kooperationslösung zu finden, desto bedeutsamer sind Institutionen, die Anreize für Kooperation schaffen.[162]
Institutionen können sich kooperationsförderlich auswirken und damit
die Chancen von Akteuren, die an Kooperationslösungen interessiert
sind, verbessern. Grundprobleme von Kooperationslösungen sind ihre
Initiierung, die Lösung von Verteilungsfragen, die Zeitdimension,
Mißtrauen über die Vertragstreue und die Einhaltung von Regeln
sowie die hohen Transaktionskosten der Neuaushandlung von Regimen.[163] Die Iniitierung von Kooperation ist problematisch, da sie den
Initiator einerseits erhebliche Ressourcen kostet, andererseits aber ein
öffentliches Gut darstellt, von dem alle Teilnehmer profitieren.[164] Auf
der anderen Seite droht kooperationswilligen Initiatoren, die ihre
Präferenzen zu früh preisgeben, die Gefahr der Ausbeutung durch die
anderen – sie können frühzeitig hohe Gegenleistungen für ihre Ko-
operationsbereitschaft einfordern.[165] Der "Schatten der Zukunft" –
also die Langfristigkeit der Kooperationsbeziehungen – spielt eine
wichtige Rolle für die Bereitschaft eines Partners, kurzfristige Nachteile hinzunehmen. Es kann erwartet werden, daß er in einer anderen
Konstellation dafür eher Vorteile gewinnen kann.[166] Auf Langfristigkeit angelegte Kooperation vermindert die Konfliktbereitschaft und
hilft, sich auf "diffuse Tauschprozesse" einzulassen. Problemlösungen
mit Verteilungsfragen[167] können dort eher realisiert werden, wo ein
dichtes Interaktionssystem Kompensationsgeschäfte und Politikpakete
– also einen themenübergreifenden Tausch – ermöglicht. Ein starkes
allgemeines Interaktionssystem erleichtert damit solche auf den lang-
fristigen gegenseitigen Nutzen ausgelegte Tauschprozesse.[168] Es senkt

---

[161] Vgl. Prittwitz 1984.
[162] Vgl. Gehring 1994b.
[163] Vgl. dazu: Gehring 1994b; Zürn 1992; Scharpf/ Mohr 1994.
[164] Gehring 1994b: 229.
[165] Scharpf/ Mohr 1994: 20; Huber 1995a: 7.
[166] Vgl. Hurrel 1993: 59; Zürn 1992.
[167] Vgl. Scharpf/ Mohr 1994: 13.
[168] Vgl. auch: Liefferink 1995: 42f.

zudem die Transaktionskosten für die Suche nach Regeln für neue Probleme,[169] da man auf etablierte Routinen und Prinzipien zurückgreifen kann. Rechtssicherheit ist weiterhin eine wichtige Vorraussetzung dafür, daß das kooperationswillige Verhalten eines Teilnehmers nicht durch "Trittbrettfahrerverhalten" und Nicht-Einhaltung der Vertragsverpflichtungen ausgebeutet werden kann.[170] In dieser Weise kooperationsfördernde Institutionen können damit dazu beitragen, daß die vorhandenen Potentiale von Kooperationslösungen auch ausgeschöpft werden.

Das Zustandekommen eines internationalen Regimes hängt also von mehreren Faktoren ab:

- Die Problemverflechtung: Haben die Staaten ähnliche Probleme oder ist die Problemverflechtung ähnlich (z.B. symmetrische Schadstoffbelastung), dann ist eine Kooperation einfacher als bei asymmetrischen Verursacher-Betroffenen-Beziehungen,[171] da dort auch die Kosten-Nutzen-Verteilung asymmetrisch ist.[172]
- Die Interessenlage der Staaten: Wichtige sozioökonomische Grundlagen für die Interessenbildung sind das Gewicht der Interessen, die an der Schadstoffbelastung verdienen, das Gewicht derjenigen Interessen, die zu Problemlösungen beitragen können und das Gewicht derjenigen Interessen, die sich von Umweltproblemen betroffen fühlen.[173] Staaten, in denen die "Handlungs-

---

[169] Vgl. Hurrel 1993: 59.
[170] Vgl. Gehring 1994b: 233.
[171] Dazu: Prittwitz 1984.
[172] Vgl. Wolf 1991: 100f.
[173] Vgl. dazu: Prittwitz 1988, 1989; Oberthür 1995, 1996.

kapazitäten" für die Umweltpolitik ausgeprägt sind,[174] werden damit eher für eine fortschrittlichere internationale Umweltpolitik plädieren als solche mit schwachen Handlungskapazitäten. Die unterschiedlichen Handlungskapazitäten beeinflussen die Problemdefinitionen und Interessenlagen der Staaten. Je ungleicher der Stand der ökonomischen Entwicklung ist, desto unterschiedlicher sind damit auch die Interessenprofile. Dies schafft im Nord-Süd-Kontext Kommunikations- und Kooperationsprobleme,[175] ist aber damit umgekehrt zwischen ähnlich entwickelten Ländern eine Handlungschance. Zudem sind die Handlungskapazitäten und die Verursacherinteressen je nach Verhandlungsgegenstand wiederum unterschiedlich ausgeprägt.

■ Die Stärke der bereits vorhandenen Institutionen, die die Grundlage für Kooperationslösungen bieten können (siehe oben). Besonders ist dabei das "allgemeine Interaktionssystem" hervorzuheben, also der Gesamtzusammenhang, in den das besondere Thema eingebettet ist. Um einen solchen handelt es sich z.B. bei den Institutionen der EU, die im folgenden weiter diskutiert werden. Es kann hier so etwas wie eine normative Kraft vorhandener Institutionen festgestellt werden, die als eine Art "spill-over-Effekt" vorhandener Kooperationsbeziehungen auf neue Felder wirkt. Dies gilt insbesondere für die oft umstrittenen Verfahrenselemente, also die Spielregeln für die Schaffung und Weiterentwicklung, die Erfolgskontrolle und die Konfliktaustragung von internationalen Regimen.

■ Das Gewicht internationaler Wissenschaftlergemeinschaften, die konsensfähiges und autorisiertes Wissen produzieren. In den letzten Jahren wurde die Bedeutung von solchen sogenannten 'epistemischen Gemeinschaften' für die Regimebildung

---

[174] Dazu zählen nach JÄNICKE/ WEIDNER (1995: 17) und PRITTWITZ (1993b: 346 und 1994: 136): Das Gewicht eines postmateriellen Wertewandels, die institutionelle Flexibilität und Offenheit des politischen Systems für Umweltinteressen, der Stand der Wissenschaft zu Umweltproblemen und Lösungen sowie die Modernisierungs- und Anpassungsfähigkeit der Wirtschaft oder allgemeiner: kulturelle, institutionelle, epistemologische und ökonomisch-technische Kapazitäten..

[175] Prittwitz 1993b.

'entdeckt'.[176] Als epistemische Gemeinschaften werden grenz-
überschreitende Expertennetze bezeichnet, die ähnliche Weltbil-
der, ähnliche Problemanalysen, Überzeugungen und strategische
Ansätze teilen. In der internationalen Klimaschutzpolitik spielt das
IPPC eine solche Rolle, bei der internationalen Diskussion um
Umweltsteuern lassen sich ebenfalls einflußreiche Netzwerke von
Umweltökonomen beobachten.[177]

Ob die Bildung internationaler Umweltabkommen Chancen hat, läßt
sich also nur auf der Grundlage der besonderen Bedingungen und
Konstellationen klären. Es ist dabei weder ein generalisierter Pessimismus noch ein allgemeiner Optimismus angesagt. Zu betonen ist
jedoch aus dieser Diskussion, daß die Kooperation zwischen Ländern
mit ähnlichen sozioökonomischen Ausgangsbedingungen leichter ist
als die Kooperation zwischen Ländern mit sehr unterschiedlichen
Bedingungen. Weiterhin ist die Kooperation in einem besonders stark
institutionalisiertem Kontext wie dem der Europäischen Union leichter als in einem institutionellen Neuland.

Wie im ersten Teil dargestellt wurde, ist die ökonomische Verflechtung zwischen ähnlich entwickelten Ländern besonders intensiv,
so daß hier zumindest eine wichtige generelle sozio-ökonomische
Ausgangsbedingung für eine internationale Kooperation eher gegeben
ist als im "globalen" Kontext. Wie noch zu klären ist, bietet zudem
die europäische Ebene zusätzliche Chancen. Diese hat zahlreiche
kooperationsförderliche Institutionen geschaffen, durch die viele
Hürden der Regimebildung bereits aus dem Wege geräumt wurden.

---

[176] Vgl. Haas 1990; Adler/ Haas 1992; Simonis 1992.
[177] Vgl. Hey 1996.

Institutionelle, politische und ökonomische Ausgangsbedingungen für ein "anderes Entwicklungsmodell" in der EU

Auch die europäische Umweltpolitik wird in der deutschen Medienöffentlichkeit mit Vorliebe negativ dargestellt. Während die legale Verseuchung des Trinkwassers durch die Aufweichung entsprechender Richtlinien oder die unzureichende Kennzeichnung gentechnisch veränderter Lebensmittel die Schlagzeilen füllen können, gilt dies weniger für weitreichende Reformprojekte wie der europäischen Klimaschutzsteuer oder dem 5. Umweltaktionsprogramm. In einer differenzierteren Sichtweise ist beides Realität: fortschrittliche Reformideen und umweltpolitisches Roll-Back.[178]

Will man die ökonomischen, politischen und institutionellen Ausgangsbedingungen für eine europäische Politik in Richtung auf Nachhaltigkeit skizzieren, kann man folgende Punkte festhalten:

Das ökonomische Entwicklungsgefälle zwischen den einzelnen und innerhalb der Staaten ist groß. Entsprechend bedeutsam ist ihr jeweiliger Beitrag zu Umweltproblemen. Die Pro-Kopf-CO_2-Emissionen von Dänemark betragen z.B. das Zweieinhalbfache derjenigen von Portugal.[179] Entsprechend unterschiedlich sind auch die ökonomisch-technischen Kapazitäten. Dänemark gilt als das Mekka der Energieeffizienzpolitik und der Energieeinsparung, während Portugals Energieversorgung noch erdöllastig ist.[180] Auch die Relevanz der Umweltfrage ist unterschiedlich: In den Niederlanden sind fast 20% der Erwachsenen in Umweltverbänden organisiert, in Griechenland geht dies in den Promillebereich.[181] Kurz: Umweltpolitisch ist Europa keine Einheit. Wirtschaftliche, politische, naturräumliche und kulturelle Gegensätze bestimmen die widersprüchlichen umweltpolitischen Interessen der Mitgliedstaaten.

Eine allgemeine politische Eingruppierung von Ländern ist gefährlich. Manche Länder sind bei einem bestimmten Typus von Um-

---

[178] Vgl. den Überblick in Hey 1994b.
[179] OECD 1994n.
[180] Vgl. Hey 1992; Wynne 1993.
[181] Vgl. Hey/ Brendle 1994: 642.

weltpolitik Vorreiter, andere, die generell als Bremser wahrgenommen werden, wieder bei einem anderen.[182] Versucht man dennoch, die Länder umweltpolitisch zu gruppieren,[183] so stehen die BENELUX-Länder, Dänemark, die skandinavischen Länder, Österreich und die Bundesrepublik Deutschland eher auf der fortschrittlichen Seite. Sie bilden aber selten wirkliche strategische Allianzen.[184] Im Mittelfeld werden zumeist Frankreich und Italien verortet. Großbritannien und die vier Kohäsionsländer gelten eher als die Bremser. Allerdings darf insbesondere in Großbritannien die innenpolitische Dynamik wegen seiner professionellen Umweltbewegung nicht unterschätzt werden.[185] Eine umweltpolitische Bremserrolle zu einem Thema und in einer Periode kann also schnell in eine Führungsrolle in einer anderen umschlagen. Zwischen "Bremsern" und "Vorreitern" besteht ein fundamentaler Interessenkonflikt:[186] Hochregulierende Länder haben eher ein Interesse an einer europäischen Harmonisierung, um ihren Industrien Wettbewerbsnachteile zu ersparen, ihnen neue Absatzmärkte zu erschließen und damit die Spielräume für eine nationale Umweltpolitik zu erweitern. Niedrig regulierende Länder wollen Zusatzkosten für ihre Industrien und die administrativen Anpassungskosten vermeiden, die sich mit dem 'Import' der europäischen Umweltpolitik ergeben.

Ein besonderes politisches Gewicht haben die EU-Kommission und das Europäische Parlament. Beide sind nicht per se umweltfreundlich oder umweltfeindlich – aber sie haben ein institutionelles Eigeninteresse an der Ausweitung der europäischen Integration und damit auch an umweltpolitischen Kompetenzen.[187] Im Kontext der internationalen Klimaschutzkonferenzen waren beide bestrebt, die außenpolitischen Kompetenzen der EU durch eine "internationale Führungsrolle" auszuweiten.[188] Glaubwürdig konnte dies nur auf der Basis einer vorzeigbaren europäischen Klimaschutzpolitik geschehen.

---

[182] Dazu Héritier u.a. 1994.
[183] Vgl. Holzinger 1994; eine Skizze der Interessenkonstellationen in verschiedenen Schlüsselsektoren der Nachhaltigkeit: Hey 1994b.
[184] So: Liefferink 1995 zur Luftreinhaltepolitik.
[185] Vgl. Hey/ Brendle 1994; EURES et. al 1996; Knill 1995.
[186] Vgl. Héritier u.a. 1994; Héritier 1995; Rehbinder/ Stewart 1986.
[187] Héritier u.a. 1994: 17 und 177; Theato 1994: 55 zum EP; Schumann 1993: 411.
[188] Jachtenfuchs/ Huber 1993: 44; Liberatore 1993.

So übernahm die Kommission auch nach innen eine umweltpolitische Führungsrolle.

Angesichts der sozio-ökonomischen Unterschiede sind die institutionellen Rahmenbedingungen der EU von besonderer Bedeutung. Dabei ist eine sehr differenzierte Bewertung notwendig. Die europäischen Institutionen bieten sowohl Chancen als auch erhebliche Restriktionen. Zu den wesentlichsten Chancen gehören:[189]

- Eine für Umweltpolitik-Innovation außerordentlich offene europäische Kommission: Diese ist auf externes Beratungswissen angewiesen, eröffnet Umweltverbänden zahlreiche Dialog- und Partizipationschancen[190] und wird von den umweltpolitischen Initiativen der Mitgliedstaaten beeinflußt, die ein erhebliches Interesse haben, ihre nationalen Umweltpolitikerfolge nach Europa zu exportieren.[191] Beispiele hierfür lassen sich viele finden: Deutschland hat in den achtziger Jahren seine Luftreinhaltepolitik exportiert,[192] die Niederlande haben mit ihren nationalen Umweltplänen das 5. Umweltaktionsprogramm für eine "Nachhaltige Entwicklung"[193] und die Diskussion um die Entwicklung einer strategischen Umweltverträglichkeitsprüfung[194] stark beeinflußt, Dänemark das Kapitel 10 des Delors-Weißbuchs zu Wachstum, Wettbewerbsfähigkeit und Beschäftigung geprägt, in dem die Idee einer ökosozialen Steuerreform für Europa ausformuliert wird, und Großbritannien eher die Abkehr der Kommissionspolitik von substantiellen Standards hin zu verfahrensrechtlichen Vorgaben.[195]

- Das Initiativmonopol der Kommission, das ihr einerseits eine gewisse Autonomie gegenüber nationalen Partikularinteressen gibt und andererseits das "First Mover Dilemma"[196] bei der Bildung internationaler Abkommen überbrückt. Mit diesem Initiativmono-

---

[189] Vgl. zusammenfassend: Hey 1996; Arp 1995; Peters 1994; Héritier 1995.
[190] Siehe Hey/ Brendle 1994.
[191] So: Héritier u.a. 1994; Arp 1995.
[192] Liefferink 1995; Héritier u.a. 1994.
[193] Kronsell 1995.
[194] Hey 1996.
[195] Héritier u.a. 1994; Knill 1995.
[196] Scharpf/ Mohr 1994.

pol hat die Kommission auch die Aufgabe, sich um strategische
Fragen der europäischen Integration zu kümmern. Dies begreift
sie auch als Chance für Initiativen in Richtung einer Politik der
Nachhaltigkeit.

■ Die wachsenden Mitentscheidungsrechte des Europäischen Parla-
ments, das intern minderheitenfreundlich und ohne stabile regie-
rende Mehrheiten ist. Dies bietet auch Umweltgruppen und Um-
weltparteien überdurchschnittliche Einflußmöglichkeiten – auch
wenn das Parlament sich nicht immer umweltpolitisch fortschritt-
lich entscheidet.

■ Verschiedene – ursprünglich zum Schutze des Binnenmarktes –
entwickelte Verfahren, die eine nationale Produktpolitik automatisch zu einer europäischen Angelegenheit werden lassen; insbesondere das Stillhalte- und Notifizierungsverfahren (siehe oben).

■ Der starke institutionelle Überbau für die Entscheidungsprozesse
mit Verfahrensroutinen, die eine regelmäßige Neuaushandlung der
Spielregeln für die Entscheidungen ersparen, der einen "langen
Schatten der Zukunft" beinhaltet, den inflationären Gebrauch von
Vetomöglichkeiten informell sanktioniert[197] und vielfältige Mög-
lichkeiten für Kompensationsregeln und Politikpakete bietet.[198]

Zu den institutionellen Schwachstellen der EU gehören:

■ die unzureichenden Kompetenzen des Europäischen Parlamentes
bei strategischen Fragen einer nachhaltigen Entwicklung (insbesondere bei fiskalischen Fragen und Ökosteuern);[199]

■ der "geschlossene" zwischenstaatliche Entscheidungsprozeß, der
eine ökologische Qualitätskontrolle der nationalen Verhandlungs-
strategien nur in Ausnahmefällen zuläßt;

■ das fachlich gegliederte System von Verhandlungs- und Experten-
kommissionen (die zumeist aus Vertretern der nationalen Regierungen bestehen), das eine Integration der Umweltdimension bei
sektoralen Entscheidungen (Landwirtschaft, Verkehr, Energie, In-

---

[197] Héritier 1995.
[198] Liefferink 1995.
[199] Vgl. Hey 1994b: 55f.

dustrie) eher blockiert.[200] Es entstehen dabei sektorale "Fach-brüderschaften", die sich effektiv demokratischer und umweltpo-litischer Kontrolle entziehen können.[201]

- der Wildwuchs an europäischen und gemischt national-europäischen Kompetenzen, die eine klare Verantwortungszuwei-sung erschweren und eindeutige Adressaten umweltpolitischer Forderungen zunehmend verdecken. Gerne wird dabei das Spiel "Hase und Igel" gespielt,[202] das darin besteht, die Verantwortlich-keit der jeweils anderen Ebene zuzuschieben. Die Kommission entlastet sich mit dem zumeist richtigen Argument, daß eine be-stimmte Idee bei den nationalen Regierungen nicht durchsetzbar sei. Auf nationaler Ebene wird einerseits auf den Harmonisie-rungsbedarf und andererseits auf die Unmöglichkeit einer gemein-samen Lösung hingewiesen.

- das Ungleichgewicht zwischen den gewaltigen Finanztransfers, die die EU mittlerweile im Rahmen der Strukturfonds, der Kohä-sionsfonds, des Agrarmarktes, der Forschung und der Gemein-schaftsinitiativen organisiert, und ihrer beschränkten Möglichkei-ten und Kompetenzen, diese ökologisch zu qualifizieren.[203]

- das ungeklärte Verhältnis zwischen Umweltschutzzielen und den anderen Zielen im Vertrag: Zwar gibt es mittlerweile eine breite juristische Literatur, die die Verankerung des Umweltschutzes im europäischen Vertrag als "einzigartig" betrachtet – bei genauer Analyse stellt sich jedoch heraus, daß die bisherigen Formulierun-gen nicht gewährleisten, daß umweltpolitische und andere Ziele tatsächlich gleichgewichtig gegeneinander abgewogen werden.[204]

Recht ambivalent wirkt sich das institutionelle Kernstück der EU – der freie Binnenmarkt – aus. Einerseits ist gerade er die zentrale Triebfeder für ein quantitativ beachtliches europäisches Umweltrecht, vor allem um Handelshemmnisse und Wettbewerbsprobleme im Falle

---

[200] Dazu ausführlich: Hey 1997.
[201] Siehe dazu auch die Diskussion um die Normung: vgl. Katalyse 1994.
[202] Hey 1994b.
[203] Im Hinblick auf den Verkehrsbereich: Hey 1996.
[204] Vgl. zu dieser Diskussion z.B. Jahns-Böhm/ Breier 1991; 1992; Rengeling 1993; Krämer 1989 und 1991.

nationaler Alleingänge zu vermeiden. Andererseits beschränken die
Wettbewerbsprinzipien des Binnenmarktes nationale Freiräume insbesondere in der Produktpolitik und der Marktordnung (besonders
sensibel: die Liberalisierung im Verkehrs- und Energiebereich; aber
auch der Agrarmarkt). Dies ist umso problematischer, da der binnen-
marktkonforme Einsatz von Umweltsteuern, die die handelsverzer-
renden Wirkungen externer Kosten ausgleichen, politisch und institutionell blockiert ist. Der Binnenmarkt produziert damit ökologische
Folgeprobleme, zu deren politischer Bewältigung die EU keinen politischen Rückhalt in den Mitgliedstaaten hat.[205]

Hinter diesen Fragen steht nach wie vor das notwendigerweise
problematische Verhältnis zwischen europäischer Integration und
nationaler Souveränität. Die bisherige Dynamik der ökonomisch-
politischen Verflechtung erfordert eigentlich 'mehr Europa' und stär-
kere supranationale Institutionen – auf der anderen Seite ist aber eine
"europäische Identität", die auch einmal regionale Sonderinteressen
wegen der gemeinsamen Prinzipien zurückstellt, nicht besonders
ausgeprägt. Der aktuelle VW-Konflikt in Sachsen ist hierfür nur ein
Beispiel von vielen. Die europäische Solidaritäts- und Kommunikati-
onsgemeinschaft ist im Vergleich zum nationalen Zusammenhang
wesentlich schwächer ausgebildet.[206] Gerade die für die Umweltfrage
so wichtige Kontrolle durch eine europäische Öffentlichkeit ist noch
schwach. Insofern ist kein schneller institutioneller Wandel in die
Richtung stärkerer supranationaler Institutionen zu erwarten. Die
Frage ist vielmehr, eine Strategie der "Entflechtung" zu finden, die
"autonomiefördernd" und "gemeinschaftsverträglich" ist,[207] also wieder zu klareren Verantwortlichkeiten führt.

Trotz dieser Kritikpunkte gibt es zu viele "Erfolgsstories" der europäischen Umweltpolitik, um in einen generalisierten Pessimismus
zu verfallen. Im folgenden sollen daher die in der Literatur herausge-
arbeiteten Erfolgsbedingungen unter den heutigen Restriktionen deutlich gemacht werden.

---

[205] Zu diesem Problem allgemeiner: Scharpf 1994.
[206] Siehe zu dieser Problematik: Scharpf 1992; Wildenmann 1991.
[207] Scharpf 1994.

Erfolgsbedingungen der europäischen Umweltpolitik:
Aus der Erfahrung lernen

Entgegen weit verbreiteter Vorurteile findet eine Harmonisierung von Umweltstandards in der EU nicht immer nur auf dem kleinsten gemeinsamen Nenner statt. Vielmehr gibt es eine Reihe von Beispielen, in denen sich die Umweltstandards eher auf dem Niveau der fortschrittlicheren Länder bewegten.[208] Untersucht wurden dabei intensiv die Luftreinhaltepolitik,[209] die Formulierung technischer Normen[210] und die Chemiepolitik.[211] Dies ist erstaunlich, da man davon ausgehen muß, daß zahlreiche Länder nur ein geringes Interesse an strengen Standards haben (siehe oben). Gerade deshalb ist es von Bedeutung, unter welchen Bedingungen sich die relativ fortschrittlichen Länder durchgesetzt haben, und wie es ihnen gelungen ist, ihre Vorstellungen gegenüber den anderen Ländern durchzusetzen.

Eine generelle Erklärung liefert HÈRITIER mit ihrer Theorie des "regulativen Wettbewerbs".[212] In der EU findet ein regelrechtes gegenseitiges umweltpolitisches Hochschaukeln durch diejenigen Länder statt, die ein massives Interesse an einer Harmonisierung auf hohem Niveau haben. Diese finden mit der EU-Kommission und dem Europäischen Parlament zumeist einflußreiche Bündnispartner.

Die Durchsetzungschancen im regulativen Wettbewerb sind für große Länder einfacher als für kleine, für Produktstandards besser als für den anlagenbezogenen Umweltschutz.

Bei Produktstandards können große Länder relativ starken Druck auf die anderen Länder ausüben, wenn sie mit einseitigen Maßnahmen drohen. Es ist für andere Länder besser, einem Kompromiß zu folgen,

---

[208] Vgl. sehr differenziert: Holzinger 1994.

[209] Abgasgrenzwerte für PKW bei Holzinger 1994, Arp 1995; Grenzwerte für große Feuerungsanlagen in Liefferink 1995, Héritier u.a. 1994.

[210] Voelzkow/ Eichener 1993; Eichener 1996.

[211] Brickman/ Ilgen 1985; Grant/ Patterson 1988.

[212] Der "regulative Wettbewerb" ist genau das Gegenteil zum "Systemwettbewerb" oder dem Wettbewerb der Standorte. Der regulative Wettbewerb ist ein Wettbewerb der Nationalstaaten um den stärksten Einfluß auf die Politikentwicklung in der EU. Der Systemwettbewerb ist der Wettbewerb um die Attraktivität für internationales Kapital (Héritier u.a. 1994; Héritier 1995).

als zu riskieren, daß sie einen wichtigen Absatzmarkt verlieren. Die Bundesrepublik Deutschland hat in den achtziger Jahren wiederholt – und letztlich erfolgreich – diese Drohung ausgesprochen, um den Katalysator europaweit durchzusetzen.[213] Weniger erfolgreich war die Drohung bei den Auseinandersetzungen um die Besteuerung von LKW's Anfang der neunziger Jahre.[214] 1990 wollte die Bundesrepublik eine Schwerverkehrsabgabe für die Benutzung deutscher Autobahnen einführen, die v.a. auf die steuerliche Belastung des Transitverkehrs ausgerichtet war.[215] Aber auch hier war die Drohung eines nationalen Alleinganges für die Verhandlungsgegner Deutschlands glaubwürdig genug, um der Eurovignette zuzustimmen.[216]

Wesentlich schwieriger sind die Durchsetzungschancen bei einer anlagenbezogenen Politik, da hier ein ähnlich starkes Druckmittel fehlt. Aber auch hier gab es Teilerfolge. Dabei wurde eher mit Anreizen als mit Druck gearbeitet.

Wichtige Instrumente hierfür sind die Bereitschaft zu politischen Tauschgeschäften und zu Kompensationsleistungen. So hat Deutschland während einer entscheidenden Phase der Verhandlungen um die europäische Richtlinie zu Großfeuerungsanlagen Zugeständnisse bei der parallel laufenden Verhandlung zu Autoabgasen signalisiert.[217] Manchmal sind auch direkte Kompensationsleistungen notwendig. So sprach die EU-Kommission bei der Vorbereitung ihres Vorschlages für eine Klimaschutzsteuer von "burden sharing". Der Kohäsionsfonds wurde dann zum Teil mit dem Argument eingerichtet, die Anpassungskosten der weniger entwickelten Länder zu vermindern und damit ihren Widerstand gegen eine europäische Klimaschutzpolitik aufzuweichen.[218] Das Life-Programm der EU muß im Kontext der Habitatrichtlinie gesehen werden. Auch hier haben die weniger ent-

---

[213] So: Arp 1995; Holzinger 1994; in theoretischer Perspektive: Scharpf 1994e.

[214] Vgl. Röder 1996; Hey 1996.

[215] Die Einführung einer Schwerlastabgabe auf deutschen Autobahnen trifft u.a. auch ausländische Spediteure, die durch Deutschland fahren. Damit wirkt sie ähnlich wie ein nationaler Alleingang bei Produktstandards. Deshalb hatten die Niederlande und Dänemark berechtigte Angst vor einem deutschen Alleingang.

[216] Vgl. Hey 1996.

[217] Arp 1995: 238; Holzinger 1994: 306f; Liefferink 1995: 120.

[218] Huber/ Liberatore 1995; EG-Kommission 1991b.

wickelten Länder eine finanzielle Unterstützung für eine gemeinsame Naturschutzpolitik durchgesetzt.[219]

Darüber hinaus kann man aber auch das Aufweichen gemeinsamer Standards beobachten: Ausnahmeregelungen, lange Übergangsfristen, Selbstverpflichtungen für spätere Verbesserungen, der einkalkulierte Nichtvollzug oder das Aufteilen eines Maßnahmenpaketes in einzelne zum Teil weniger kontroverse Maßnahmen sind Methoden, die Konfliktintensität gemeinsamer Standards zu vermindern.[220] Wettbewerbspolitisch unproblematisch sind dabei diejenigen Kompromisse, die lediglich vorübergehender Natur sind. Diese verhindern nicht eine langfristige Dynamisierung der europäischen Umweltpolitik.

Bedeutsam für Fortschritte in der europäischen Umweltpolitik sind weiterhin bestimmte informelle Spielregeln im Verhandlungsprozeß. So spielen technische Expertise und "konstruktive Argumentation" eine wichtige Rolle.[221] Länder, die eine gemeinsame Umweltpolitik vorantreiben wollen, haben zumeist eine überlegene Expertise und positive Erfahrungen im nationalen Rahmen und können diese damit auch argumentativ in die Verhandlungen einbringen.

In der europäsichen Umweltpolitik gilt damit – ebenso wie im internationalen Innovationswettbewerb – der Startvorteil des dynamischen Vorreiters. Länder, die eine innovative nationale Umweltpolitik haben, treiben auch die europäische Umweltpolitik voran. In den achtziger Jahren war das in Teilbereichen die Bundesrepublik Deutschland. Seit der Wiedervereinigung haben sich die Prioritäten in Deutschland verschoben.[222] Die umweltpolitische Offensive ist teilweise an Großbritannien übergegangen, das sein Modell einer flexiblen, verfahrensorientierten Umweltpolitik gegenüber dem substantiellen und ordnungsrechtlichen deutschen Ansatz in Brüssel durchsetzen konnte,[223] und an die skandinavischen Länder, die erste Erfahrungen bei einer ökologischen Neuausrichtung der Steuerpolitik gemacht haben. Seit einigen Jahren gehört die Bundesregierung eher zu

---

[219] Vgl. Hey/ Brendle 1994.

[220] Vgl. Arp 1995: 327; Héritier 1995: 12f.

[221] Héritier 1995; Pellegrom 1995, Peters 1992; Wessels 1991:146f.

[222] Siehe dazu: SRU 1996; SRU 1994.

[223] Siehe dazu bereits: Héritier u.a. 1994.

den treibenden Kräften eines Ab- und Umbaus des europäischen
Umweltrechts. So wurde die sogenannte Molitor-Gruppe,[224] die das
europäische Rechtssytem unter dem Blickwinkel der unternehmerischen Produktionskosten durchforsten sollte, auf Initiative des Bun-
deskanzlers ins Leben gerufen.

In der Gestaltung einer innovativen und dynamischen nationalen
Umweltpolitik liegt damit nicht nur eine wichtige Voraussetzung für
eine Weiterentwicklung der europäischen Umweltpolitik, sondern
auch eines der zentralen Handlungsfelder für den Deutschen Bundestag.

Schlußfolgerungen

Aus diesem Überblick ergibt sich ein ganzes Spektrum von umweltpolitischen Handlungsmöglichkeiten:

- Auf der regionalen Ebene wird die Einbindung einzelner Unternehmen in regionale Produktionsmilieus auch eine Chance, diese
  ökologisch zu nutzen. Der entscheidende Erfolgsfaktor hierfür ist
  eine ausgeprägte regionale Identität, die der Umwelt einen hohen
  Stellenwert beimißt. Außerdem bietet die regionale Infrastrukturpolitik erhebliche Chancen für eine umweltgerechte Ausgestaltung.
- Auf der nationalen Ebene lassen sich zahlreiche wirtschafts- und
  europaverträgliche Maßnahmen immer noch im nationalen Alleingang durchführen. Der ökonomische Nutzen der bisherigen Umweltpolitik überwog bisher eindeutig die kaum bezifferbaren
  Schäden. Die Freiräume sind in der anlagenbezogenen Umweltpolitik wesentlich größer als in der Produktpolitik, bei der die
  Verhältnismäßigkeit der Maßnahme nachgewiesen werden muß.
  Sie existieren auch bei der Einführung von Ökosteuern, wie der
  reiche Erfahrungsschatz benachbarter Länder zeigt. Auch wenn
  flexible Lösungen für besonders betroffene Industrien gefunden
  werden müssen, so ist dies kein überzeugendes Argument gegen

---

[224] Herr Molitor ist ein ehemaliger Beamter des Wirtschaftsministeriums.

eine nationale Vorreiter-(oder realistischer: schnelle Aufho-
ler)rolle.

■ Auch auf der europäischen Ebene sind die Chancen für eine
"Politik der Nachhaltigkeit" vorhanden. Mit dem 5. Umweltaktionsprogramm besteht ein offizieller programmatischer Referenzpunkt. Wichtige Impulse müssen jedoch mindestens aus einem
großen Mitgliedsland kommen, das bereit ist, seine ökonomischen
Ressourcen, sein politisches Prestige, seine Expertise und seinen
Erfahrungsschatz in eine aktive Umweltaußenpolitik zu investie-
ren. Dies geschieht nur, wenn daran ein vitales Interesse entsteht.
Dieses setzt aber erfolgreiche Erfahrungen im Inland voraus. Eine
dynamische europäische Umweltpolitik ist also in einem ersten
Schritt nicht Voraussetzung, sondern Folge einer dynamischen
nationalen Umweltpolitik. Erst in einer zweiten Phase erlaubt eine
europäische Einigung auf hohem Niveau, wiederum national weiter voranzuschreiten.

Vernetzung und Subsidiarität

Vor dem hier ausgebreiteten Hintergrund wird deutlich, daß Politik sich in ihrem Selbstverständnis ändert und ändern muß. Hoheitliche Entscheidungen, auch demokratisch legitimierter Instanzen, sind nicht mehr ohne weiteres durchsetzbar. Die internationale Mobilität von Information, Waren, Kapital und teilweise auch Arbeit bringt es mit sich, daß sich die Welt und vor allem die Wirtschaft netzwerkartig organisieren kann. Netzwerke beruhen auf Freiwilligkeit. Die Mitglieder müssen überzeugt sein, daß ihnen die Mitgliedschaft kurz- oder langfristig in irgendeiner Form Vorteile bringt. Wenn Politik in territorialen Einheiten (Regionen, Staaten, Kontinenten) die Aufgabe hat, Aktivitäten zu koordinieren, dann muß sie versuchen, allseits akzeptable und möglichst vorteilhafte Lösungen zu finden. Das bedeutet Verhandlungsarbeit. Denn Zwang kann nur gegenüber abhängigen Untertanen ausgeübt werden. Um verhandeln zu können, muß Politik sich im klaren sein, was sie bieten kann und wie stark die Verhandlungspartner darauf angewiesen sind.

Handlungsspielräume, auch für eine Politik der Nachhaltigkeit, gibt es. Sie können jedoch nur durch die Zusammenarbeit verschiedener Politikbereiche und durch ein Zusammenspiel verschiedener politischer Ebenen entdeckt und genutzt werden. Die territoriale Verankerung wirtschaftlicher Aktivitäten, die Schaffung attraktiver, kulturell eingebetteter Milieus sowie die Herausarbeitung unverwechselbarer Identitäten und Entwicklungsleitbilder wird eine herausragende Rolle spielen. Unterstützt durch geeignete Rahmenbedingungen wird sie am Schluß vor allem auf regionaler Ebene stattfinden müssen. Andererseits entsteht angesichts der Kontinentalisierung wirtschaftlicher Aktivitäten ein wachsender Koordinationsbedarf auf europäischer Ebene, der mit geeigneten Politiken durchaus zu bewältigen wäre. Nationale Politik kann durch die verstärkte Einbeziehung dieser Ebenen nur an Gestaltungsspielräumen gewinnen. Auch die Kompetenzverteilung zwischen verschiedenen Politiken ist kein Nullsummenspiel. Vielmehr ist zwischen den Ebenen eine intensive Vernetzung und Koordination notwendig. Im Sinne der Nachhaltigkeit gibt es für die nationale Politik sehr viel an europäischer Koordination und an Hilfestellungen für die Regionen zu tun und zu erreichen. Dem Zusammenspiel der verschiedenen politischen Ebenen gilt das Prinzip der Subsidiarität. Hierzu hat es in den letzten Jahren eine intensive Diskussion gegeben.

Ähnlich wie das Konzept der Nachhaltigkeit ist auch das "Subsidiaritätsprinzip" politisch und wissenschaftlich in vielfältiger Weise interpretiert worden. Im europolitischen Kontext wurde das Prinzip in den letzten Jahren als Leitbegriff für eine "Renationalisierung" der Handlungskompetenzen unter den Bedingungen eines europäischen Systemwettbewerbs verwendet.[225] Es wurde zum Kampfbegriff gegen eine europäische Umweltpolitik. Die deutschen Bundesländer verwenden den Begriff zumeist, um ihre Besitzstände an Kompetenz- und Regelungsbereichen gegen nationale oder europäische Zentralisierungstendenzen zu verteidigen.[226] Oft wird vom "Subsidiaritätsprinzip" ein klares Kriteriensystem für eine vernünftige Arbeitsteilung der politischen Ebenen erwartet. Ein Blick auf die bisherige Diskussion muß diese Erwartung allerdings enttäuschen. Die richtige oder optimale Kompetenzverteilung gibt es nicht. Auch das "Subsidiaritätsprinzip" läßt sich am ehesten als "regulative Idee" begreifen, die im jeweiligen Einzelfall und im jeweiligen Kontext konkret bestimmt werden muß. Ausgangspunkt dieser Idee ist der Abschied vom starren Gegensatz zwischen Dezentralität und Zentralität, der immer ein Nullsummenspiel unterstellt – also die Vermutung, daß sich die zentrale Ebene nur auf Kosten der dezentralen stärken kann. Das Subsidiaritätsprinzip geht dagegen davon aus, daß durch erfolgreiche Koordination oder Zentralisierung gerade die Gestaltungsmöglichkeiten auf der unteren Ebene erweitert werden können. Die "regulative Idee" besteht aber darin, daß prinzipiell vom Vorrang der untersten Ebene auszugehen ist, und die Einschaltung der höheren Ebenen erst

---

[225] Vgl. Jachtenfuchs 1992.
[226] Vgl. Müller-Brandeck-Bocquet 1993.

einem vergleichenden Effektivitäts- und Effizienztest unterzogen
werden muß. Dahinter steht die richtige Überlegung, daß relativ kleine politische Einheiten besser geeignet sind, die Bedürfnissen der
Bevölkerung an öffentlichen Gütern zu befriedigen als große, da mit
der Größe auch die Vielfalt und Unterschiedlichkeit der Bedürfnisse
zunimmt.[227] Auf der anderen Seite versagt aber die lokale Ebene bei
bestimmten Problemtypen[228] und erfordert entweder Koordination
oder Zentralisierung auf einer höheren Ebene.

Für die Arbeitsteilung der verschiedenen Ebenen lassen sich verschiedene Formen finden:[229]

- eine Rollenverteilung im Politik- und Planungszyklus, der von der
  Thematisierung eines Problems über die Entscheidung bis zur
  Umsetzung reicht. Die Umsetzung wird zumeist den unteren Ebenen zugewiesen, die dabei in der Regel auch Gestaltungsspielräume haben.

- Eine Rollenverteilung nach der "Intensität" und Detailgenauigkeit
  der Regulation: Die höheren Ebenen sind eher allgemein, prinzipiell und indikativ – die untersten Ebenen gehen eher ins opera-
  tionelle Detail.

- Eine klare Kompetenzverteilung zwischen den Ebenen nach dem
  Trennprinzip: dabei werden die Kernbereiche der Kompetenz auf
  die verschiedenen Ebenen verteilt.

In der Realität vermengen sich diese drei Formen der Arbeitsteilung.
Je nach Politik macht es sogar Sinn, Teilbereiche zu dezentralisieren
und andere zu zentralisieren.[230] Alleine hieraus ergibt sich bereits, daß
eine allgemeine Bestimmung der geeigneten Arbeitsteilung der verschiedenen Ebenen für eine Politik der Nachhaltigkeit kaum leistbar
ist.

Auch die möglichen Kriterien einer Arbeitsteilung sind vielschich-
tig, wie wir am Beispiel der Umweltpolitik zeigen wollen:

---

[227] So die ökonomische Theorie des Föderalismus: Zimmermann/ Kahlenborn 1994.
[228] So schon Scharpf/ Reissert 1976: Hierzu gehören Verteilungsprobleme, das Management gemeinsamer (oder globaler) Ressourcen.
[229] Vgl. EG-Kommission 1992p.
[230] Vgl. Scharpf/ Reissert 1976.

- Zu simpel erscheinen uns funktionalistische Vorschläge, die sich
  auf die geographische Dimension des Problems oder die Instrumentenwahl beziehen.[231] Globale Umweltprobleme bedürfen zwar
  einer international koordinierten Zielabstimmung – dennoch ist
  die kommunale Ebene bei einer Klimaschutzpolitik von entscheidender Bedeutung.[232] Auf der anderen Seite bedürfen gerade lokale Umweltprobleme (z.b. Müll) einer aktiven Produktpolitik, die
  Anreize für die Abfallvermeidung schafft, sei es auf nationaler
  oder europäischer Ebene. Oft bedarf es also bei einem bestimmten
  Problem einer konzertierten Aktion auf allen Ebenen. Viele Instrumente der Umweltpolitik können sinnvollerweise auf mehreren
  Ebenen gleichzeitig eingesetzt werden.
- Die "ökonomische Theorie" des Föderalismus bietet zwar durchaus wertvolle Hilfestellung aus einer "Effizienzperspektive". Eine
  Rechtfertigung für internationale Koordination gibt es nur, wenn
  die dezentrale Ebene versagt (z.b. bei grenzüberschreitenden
  Umweltbelastungen oder der Übernutzung natürlicher Ressourcen). Uns erscheinen diese Bedingungen aber zu restriktiv zu sein:
  Gerade aus dynamischer Sicht mag eine gemeinsame internationale Lösung die Freiräume auf der regionalen Ebene für weitere
  Schritte erweitern. Aus diesem Grunde sind europäische Mindesstandards auch dann zu begrüßen, wenn sie streng genommen
  kaum rechtfertigbar wären (z.B. im Falle der europäischen Qualitätsstandards). Aus einer Perspektive des vorsorgenden Umweltschutzes erscheinen auch manche Befürchtungen eines
  "Präferenzimperialismus" durch europaweite Standards und Ziele
  überzogen zu sein.
- Schließlich muß man auch politisch-ökonomische Erwägungen
  anstellen: Auf der Ebene, auf der die Umweltschutzinteressen
  strukturell relativ stark sind, sind Umweltkompetenzen oft wirksamer anzusiedeln, als umgekehrt.[233] So macht ein europäisches
  oder nationales Naturschutzrecht Sinn, um Naturschutzgebiete vor
  lokalen wirtschaftlichen Nutzungsansprüchen zu schützen. Auf der

---

[231] Vgl. Schneider/ Sprenger 1990.
[232] Vgl. Loske 1990.
[233] Vgl. Binswanger/ Wepel 1993.

anderen Seite mögen lokale Einspruchsrechte wichtig sein, um nationale oder europäische Infrastrukturplanungen ökologisch zu bremsen, die den Regionen Lasten ohne großen Nutzen aufbürden (z.B. Transitregionen).

Aus all diesen Überlegungen lassen sich lediglich Kernbereiche identifizieren, für die auf den jeweiligen Ebenen eine Mindestausstattung an Ressourcen und Kompetenzen vorhanden sein müßte.[234] Die Details lassen sich dann nur im kontinuierlichen Verhandlungsprozeß regeln. Wichtig sind dabei für alle Interessen offene und gleichzeitig kooperationsförderliche Institutionen, in denen diese Verhandlungen stattfinden (siehe Kap. Politik globaler Güter). Die Dimensionen dieser Kernbereiche lassen sich hier nicht abschließend, sondern nur kursorisch definieren.

Zu den regionalen Kernbereichen gehören die regionale Infrastrukturpolitik, die Versorgung mit wesentlichen Dienstleistungen (Energie, Mobilität) sowie die Bereitstellung regionaler öffentlicher Güter. Die regionalen Gestaltungsspielräume liegen in der aktiven Bildung von umweltorientierten Produktionsnetzwerken, der Förderung umweltorientierter Dienstleistungen oder in der ökologischen Qualifizierung öffentlicher Beschaffungspolitik, Baumaßnahmen und Flächennutzung.

Der Kernbereich nationaler Kompetenzen steht in einem Wechsel- und Konkurrenzverhältnis zu den europäischen Kompetenzen. Im Prinzip sollte keine Einschränkung nationaler Handlungs- und Gestaltungsfreiräume in neuen Handlungsfeldern geduldet werden (außer der Binnenmarktverträglichkeit der nationalen Maßnahmen). Wo bereits eine Einigung auf eine gemeinsame Politik stattfand, sollten die Freiräume, die in dieser Politik notwendigerweise enthalten sind, ökologisch genutzt werden. Darüber hinaus gehört die nationale Infrastrukturpolitik zu den nationalen Kernbereichen.

Zu den europäischen Kernbereichen gehören die Produktpolitik und ein Mindestrahmen für wettbewerbsrelevante Umweltsteuern (insbesondere in den Bereichen Klimaschutz, Verkehr und Landwirtschaft). Diese Bereiche ergeben sich aus den Erfordernissen des Bin-

---

[234] So ein Vorschlag von Scharpf 1994.

nenmarktes. Zudem bedarf es verstärkter Kompetenzen, um die anderen Gemeinschaftspolitiken (Verkehr-, Energie-, Agrar-, Struktur- und Forschungspolitik) ökologisch zu qualifizieren. Insbesondere die ökologische Qualitätskontrolle der europäischen Finanztransfers ist noch zu schwach. Hierzu bedarf es aber auch einer verfahrensrechtlichen Absicherung durch ein gemeinsames Verfahrensrecht, das Bürger-Klage- und Partizipationsrechte sichert. Dieses erweitert dezentrale Aushandlungsprozesse, die Vollzugsqualität des europäischen Umweltrechts und die ökologische Qualitätskontrolle. Auch ist die Formulierung sektoraler europäischer Umweltziele sowie ein Rahmen zum Schutz des europäischen Naturerbes als Grundlage für den Ausgleich ökonomischer und ökologischer Ziele erforderlich. Sie bilden Kriterium und Verhandlungspositionen umweltorientierter Akteure gegenüber den Nutzerinteressen. Sie sollten sich primär auf Schutzgüter von europäischem Interesse beziehen (z.B. Klima, internationale Luftverschmutzung, Meeresschutz).

Nachhaltigkeit erfordert die Einbettung verselbständigter wirtschaftlicher Aktivitäten in konkrete ökologische, soziale und kulturelle Zusammenhänge. Dies kann keine Politikebene alleine leisten. Nationaler Politik kommt damit eine entscheidende Mittlerfunktion zu. Eine Politik der Nachhaltigkeit vor dem Hintergrund der "Globalisierung" erfordert somit eine Erweiterung der Aufgaben nationaler Politik. Sie muß nicht nur die Konsens- und Entscheidungsfindung über politische Fragen in ihrem nationalen Zuständigkeitsbereich organisieren. Aufbauend auf dieses Willensbildung wird sie sich in Zukunft viel stärker als bisher als territoriale Interessenvertretung in einem komplexen Verhandlungsgefüge verstehen müssen, das von der lokalen bis zur globalen Ebene reicht. Ein solches Politikverständnis kann neue Gestaltungsspielräume und Aktionsfelder eröffnen, aber es erfordert auch neue Fähigkeiten und neue Konzepte. Der notwendige Abschied von der klassischen Vorstellung hoheitlicher nationaler Politik führt nur dann zu einem Bedeutungsverlust von Politik auf Bundesebene, wenn die neue Rolle nicht im notwendigen Maße wahrgenommen wird. Besonders der Bundestag sollte sich unseres Erachtens dieser Herausforderung stellen und die Neudefinition seiner

Rolle als aktiver Verhandlungspartner im Mehrebenensystem vorantreiben.

Literatur

Achterhuis, Hans (1994): Natur und der Mythos der Knappheit. In: Sachs, Wolfgang (Hrsg.): Der Planet als Patient. Über die Widersprüche globaler Umweltpolitik. Berlin, Basel, Boston: Birkhäuser. S. 136–152.

Adler, Emanuel/ Haas, Peter M. (1992): World Order and the Creation of a reflective research Programm. In: International Organisation Heft Nr. 1, S. 367–390.

Aglietta, Michel (1976): Régulation et crises de capitalisme. Paris.

Albert, Matthias/ Brock, Lothar/ Hessler, Stefan/ Menzel, Ulrich/ Neyer, Jürgen (1993, 1994, 1995): Strukturveränderungen in der Weltwirtschaft. 3 Bände. Frankfurt a.M.

Altenburg, Tilman (1996): Entwicklungsländer im Schatten der Triade? Implikationen des postfordistischen Strukturwandels in der Industrie. In: Zeitschrift für Wirtschaftsgeographie Heft Nr. 1–2, S. 59–70.

Altvater, Elmar (1987): Sachzwang Weltmarkt. Verschuldungskrise, blockierte Industrialisierung, ökologische Gefährdung. Hamburg: VSA.

Altvater, Elmar (1992): Der Preis des Wohlstandes oder Umweltplünderung und neue Welt(un)ordnung. Münster: Westfälisches Dampfboot.

Altvater, Elmar (1994): Operationsfeld Weltmarkt oder: Die Transformation des souveränen Nationalstaats in den nationalen Wettbewerbsstaat. In: PROKLA Heft Nr. 4, S. 517–548.

Altvater, Elmar/ Hübner, Kurt/ Stanger, Michael (1983): Alternative Wirtschaftspolitik jenseits des Keynesianismus. Wirtschaftspolitische Optionen der Gewerkschaften in Westeuropa. Opladen: Westdeutscher Verlag.

Arbeitsgruppe Alternative Wirtschaftspolitik (Hrsg.) (1995b): Internationalisierung und alternative Außenwirtschaftspolitik. Memo-Forum, Band 23. Bremen.

Arp, Henning A. (1995): Multiple actors and arenas: European Community regulation in a polycentric system. A case study on car emission policy. European University Institute, Dep. of Political and Social Sciences.

Axt, Heinz-Jürgen (1992): Modernisierung durch EG-Mitgliedschaft? Portugal, Spanien und Griechendland im Vergleich. In: Politische Vierteljahresschrift Heft Nr. Sonderheft 23, S. 209–233.

Bassand, M. u.a. (Hrsg.) (1986): Self-reliant Development in Europe. Aldershot, Hampshire, England: Gower Publishers.

Baum, H./ Pesch, S./ Weingarten, F. (1994): Teilstudie B/ III: Verkehrsvermeidung durch Raumstruktur. Güterverkehr. In: Enquete- Kommission "Schutz der Erdathmosphäre" des Deutschen Bundestages (Hrsg.): Studienprogramm: Band 4 Verkehr. Teilband 2. Bonn: Economica Verlag.

Bennekom, Sander van/ Brakel, Markus van (1992): Will GATT undermine UNCED? An analysis of the environmental implications of GATT policies. Report, milieu defensie, o.O.

Binswanger, H.C./ Wepler, C. (1993): Umweltschutz und Subsidiaritätsprinzip. Weiterentwicklung der Entscheidungsprozesse in der Europäischen Gemeinschaft. o.O. (= IWÖ-Diskussionspapier Nr. 13).

Blankart, Charles (1996): Braucht Europa mehr zentralstaatliche Koordination? Einige Bemerkungen zu Hans-Werner Sinn. In: Wirtschaftsdienst Heft Nr. 2, S. 87–91.

Blazejczak, Jürgen u.a. (Hrsg.) (1993): Umweltschutz und Industriestandort. Der Einfluß umweltbezogener Standortfaktoren auf Investitionsentscheidungen, UBA Berichte 1/ 93. Berlin: Erich Schmidt Verlag.

Bodenstein, Gerhard/ Spiller, Achim (1996): Entwicklungsstränge der ökologischen Konsumforschung. Forschungsansätze und Diffusionsbarrieren. In: Ökologisches Wirtschaften Heft Nr. 3/ 4, S. 8-11. (bis Frühjahr 1996: IÖW/ VÖW Informationsdienst).

Borrmann, Axel/ Koopmann, Georg (1994): Regionalisierung und Regionalismus im Welthandel. In: Wirtschaftsdienst (Zeitschrift für Wirtschaftspolitik) Heft Nr. VII, S. 365–372.

Brand, Ulrich (1995): Do Regions matter? Frankfurt a.M.

Breitmeier, Helmut/ Gehring, Thomas/ List, Martin/ Zürn, Michael (1993): Internationale Umweltregime. In: Prittwitz, Volker von (Hrsg.): Umweltpolitik als Modernisierungsprozeß. Politikwissenschaftliche Umweltforschung und -lehre in der Bundesrepublik. Opladen: Leske + Budrich. S. 163–192.

Brenck, Andreas (1992): Moderne umweltpolitische Konzepte: Sustainable Development und ökologisch-ökosoziale Marktwirtschaft. In: Zeitschrift für Umweltpolitik & Umweltrecht Heft Nr. 4, S. 379–413.

Brickmann, R./ Ilgen, Thomas (1985): Controlling Chemicals. The Politics of Regulation in Europe and the United States. London: Cornell University Press.

Brösse, Ulrich/ Lohmann, Dieta (1994b): Nachhaltige Entwicklung und Umweltökonomie. In: Zeitschrift für angewandte Umweltforschung Heft Nr. 4, S. 456–465.

Bulmer, Simon/ Paterson, William E. (1996): Germany in the European Union: gentle giant or emergent leader? In: International Affairs Heft Nr. 1, S. 9–32.

Camagni, Roberto (Hrsg.) (1991): Innovation Networks: spacial perspectives. London, New York.

Cansier, Dieter/ Krumm, Raimund (1996): Empirische Analyse zur Besteuerung von Luftschadstoffen. Tübinger Diskussionsbeiträge, Wirtschaftswissenschaftliche Fakultät der Eberhard-Karls-Universität, Tübingen.

Danielzyk, Rainer/ Oßenbrügge, Jürgen (1996): Lokale Handlungsspielräume zur Gestaltung internationalisierter Wirtschaftsräume. Raumentwicklung zwischen Globalisierung und Regionalisierung. In: Zeitschrift für Wirtschaftsgeographie Heft Nr. 1–2, S. 101–112.

Deutscher Bundestag, Enquete Kommission "Schutz des Menschen und der Umwelt" (Hrsg.) (1996): Stellungnahme der Sachverständigen zu dem Fragenkatalog (KDrs 13/ 1) für die öffentliche Anhörung am 29. und 30. April 1996 zum Thema "Nachhaltigkeitskonzepte in der Wirtschaft"., Kommissionsdrucksache 13/ 1 a,b,c,d,e. Bonn.

Dicken, Peter (1994): The Roepke Lecture in Economic Geography. GGlobal-Local-Tensions: Firms and States in the Global Space- Economy. In: Economic Geography, S. 101–128.

DRI (1994): The Potential Benefits of Integration of Environmental and Economic Policies. An Incentive-Bases Approach to Policy Integration. Report prepared for DG XI, Brussels.

Eckrich, Klaus (1994): Die Harmonisierung des Umweltschutzes in der EU. Frankfurt: Peter Lang.

EEA, European Environmental Agency (1996): Environmental Taxes. Implementation and Environmental Effectiveness. Copenhagen/ Luxembourg: Office for Official Publications of the European Communities. (= Environmental Issues Series No. 1).

EG-Kommission (Hrsg.) (1991b): A Community Strategy to limit Carbon Dioxide emissions and to improve energy efficiency. Brüssel. (Communication from 07.10.1991).

EG-Kommission (1992o): Vorschlag für eine Richtlinie des Rates zur Einführung einer Steuer auf Kohlendioxidemissionen und Energie. Von der Kommission vorgelegt. Brüssel. (= KOM(92) 226 endg. 30.6.1992).

EG-Kommission (Hrsg.) (1992p): Die Position der EG-Kommission zur Festlegung und Anwendung des Subsidiaritätsprinzip. Brüssel. (Europe Dokumente 1804/ 05).

EG-Kommission (Hrsg.) (1993m): Wachstum, Wettbewerbsfähigkeit, Beschäftigung. Herausforderungen der Gegenwart und Wege ins 21. Jahrhundert. Weißbuch. Teil A und B, = Bulletin der Europäischen Gemeinschaften, Beilage 6/ 93. Brüssel: EG-Kommission.

Eichener, Volker (1996): Die Rückwirkungen der europäischen Integration auf nationale Politikmuster. In: Jachtenfuchs, Markus/ Kohler-Koch, Beate (Hrsg.): Europäische Integration., UTB 1853. Opladen: Leske+Budrich. S. 249–280.

Eichener, Volker/ Voelzkow, Helmut (1994): Koevolution politisch-administrativer und verbandlicher Strukturen:. Am Beispiel der technischen Harmonisierung des europäischen Arbeits- Verbraucher und Umweltschutzes. In: PVS Heft Nr. Sonderheft 25/ 94, S. 256–292.

Ekins, Paul (1994): Grundorientierungen auf dem Weg zur Nachhaltigkeit. In: Sachs, Wolfgang (Hrsg.): Der Planet als Patient. Über die Widersprüche globaler Umweltpolitik. Berlin, Basel, Boston: Birkhäuser. S. 153–172.

Elsenhans, Hartmut (1981): Abhängiger Kapitalismus oder bürokratische Entwicklungsgesellschaft. Frankfurt: Campus.

Elsenhans, Hartmut (1983): Protektionismus oder neue Entwicklungspolitik. In: Mäding, H. (Hrsg.): Sparpolitik. Opladen: Westdeutscher Verlag. S. 123–151.

Elsenhans, Hartmut (1992): Ein neues internationales System. In: Kohler-Koch, Beate (Hrsg.): Staat und Demokratie in Europa. 18. Wissenschaftlicher Kongreß der Deutschen Vereinigung für Politische Wissenschaft. Opladen: Leske+Budrich. S. 244–268.

Elsenhans, Hartmut (1996): Gegen das Gespenst der Globalisierung. In: Fricke, Werner/ Fricke, Else (Hrsg.): 1996 - Jahrbuch Arbeit und Technik. Bonn: Dietz. S. 25–36.

Enquete-Kommission "Schutz des Menschen und der Umwelt" des Deutschen Bundestages (Hrsg.) (1994): Die Industriegesellschaft gestalten. Perspektiven für einen nachhaltigen Umgang mit Stoff- und Materialströmen. Bonn: Economica.

Esser, Josef/ Fach, Wolfgang/ Väth, Werner (1983): Krisenregulierung. Zur politischen Durchsetzung ökonomischer Zwänge. Frankfurt a.M.: Suhrkamp.

EU-Kommission (1994c): Economic Growth and the Environment: Some Implications for Economic Policy Making. Communications from the Commission to the European Parliament and Council. Brüssel.

EURES/ CE/ INFRAS/ SRS/ IEEP/ AKF (1996): The Incorporation of the Environmental Dimension into Freight Transport Policies. Freiburg.

Europäisches Parlament, Generaldirektion Forschung (1992a): Environment and Subsidiarity. National Environment Legislation Versus. The cases of packaging regulations and transfrontier waste shipments in the Member States. In: Economic Series (W-3).

EUROSTAT (1995b): Statistische Grundzahlen der Europäischen Union. 32. Ausgabe. Luxemburg.

Fischer, Bernhard (1996): Globalisierung und Entwicklungsländer. In: Wirtschaftsdienst Heft Nr. 4, S. 164.

Fröbel, Folker/ Heinrichs, Jürgen/ Kreye, Otto (1986): Umbruch in der Weltwirtschaft. Die globale Strategie: Verbilligung der Arbeitskraft, Flexibilisierung der Arbeit, neue Technologien. Reinbek: Rowohlt.

Fürst, Dietrich (1995): Ökologisch orientierte Umsteuerung in Landkreisen durch Regionalmanagement. In: Raumforschung und Raumordnung Heft Nr. 4, S. 253–259.

Gehring, Thomas (1994b): Der Beitrag von Institutionen zur Förderung der internationalen Zusammenarbeit. Lehren aus der institutionellen Struktur der EG. In: Zeitschrift für internationale Beziehungen Heft Nr. 2/ 1994, S. 211–242.

Gertler, Meric S. (1995): "Being There": Proximity, Organization, and Culture in the Development and Adoption of Advanced Manufacturing Technologies. In: Economic Geography, S. 1–26.

Giddens, Anthony (1995): Konsequenzen der Moderne. (1.), Frankfurt am Main: Suhrkamp.

Giersch, Herbert (1993): Marktwirtschaftliche Perspektiven für Europa. Das Licht im Tunnel. Düsseldorf/ Wien/ New York/ Moskau: Econ.

Gleich, Arnim von/ Lucas, Rainer/ Schleicher, Ruggero/ Ullrich, Otto (1988): Forschungsprojekt "Chancen und Risiken einer auf regionale Bedürfnisse ausgerichteten Technologiepolitik", Abschlußbericht. Ein Projekt im Rahmen des Programms "Mensch und Technik – sozialverträgliche Technikgestaltung des Landes Nordrhein-Westfalen. Wuppertal: Unveröffentlicht. (660 S).

Gleich, Arnim von/ Lucas, Rainer/ Schleicher, Ruggero/ Ullrich, Otto (1992): Blickwende in der Technologiepolitik. Naturumgang, Bedürfnisse und räumliche Entwicklungsperspektiven der Region Bergisches Land. Opladen: Westdeutscher Verlag. (= Sozialverträgliche Technikgestaltung, Materialien und Berichte Band 32. Hg: Ministerium für Arbeit, Gesundheit und Soziales NRW).

Grabher, Gernot (1993): Wachstums-Koalitionen und Verhinderungs- Allianzen. Entwicklungsimpulse und -blockierungen durch regionale Netzwerke. In: Informationen zur Raumentwicklung Heft Nr. 11, S. 749–757.

Grant, Wyn/ Paterson, W./ Whitston, Colin: (1988): Government and the Chemical Industry. A comparative Study of Britain and West Germany. Oxford: Clarendon Press.

Haas, Peter (1990): Saving the Mediterranean. The politics of international environmental cooperation. The political Economy of International Change. New York/ Oxford: Columbia University Press.

Härtel, Hans-Hagen et al. (1995): Grenzüberschreitende Produktion und Strukturwandel. Globalisierung der deutschen Wirtschaft, Forschungsauftrag des Bundeswirtschaftsministeriums. HWWA Hamburg, Institut für Wirtschaftsforschung, Hamburg.

Hein, Wolfgang (1995): Von der fordistischen zur post- fordistischen Weltwirtschaft. Überlegungen zu typischen Veränderungen industrieräumlicher Strukturen. In: Peripherie, S. 45–78.

Hennicke, Peter (1990): Wie kann die Aufheizung der Erde verhindert werden? Eckpunkte eines CO2-Reduktionskonzepts für die Bundesrepublik. In: Memoforum, Nr. 15, März 1990, S. 46–75.

Hennicke, Peter/ Johnson, J.P./ Kohler, S./ Seifried, Dieter (1985): Die Energiewende ist möglich. Für eine neue Energiepolitik der Kommunen. Frankfurt: S. Fischer. (Eine Publikation des Öko-Instituts Freiburg/ Br.).

Héritier, Adrienne (1995): Die Koordination von Interessenvielfalt im europäischen Entscheidungsprozeß und deren Ergebnis: Regulative Politik als "Patchwork". MPIFG Discussion Papers, Ma-Planck Institut für Gesellschaftsforschung, Köln.

Héritier, Adrienne u.a. (1994): Die Veränderung von Staatlichkeit in Europa. Ein regulativer Wettbewerb: Deutschland, Großbritannien, Frankreich. Opladen: Leske + Budrich.

Herlau, Henrik/ Tetzschner, Helge (1994): Regional development: who are the problem owners? In: Entrepreneurship and Regional Development Heft Nr. 2, S. 161–175.

Hermann, Christian (1996): Realer Wechselkurs und gesamtwirtschaftliche Entwicklung in Deutschland. In: Wirtschaftsdienst Heft Nr. IX, S. 472–480.

Hesse, Markus (1996): Nachhaltige Raumentwicklung. Überlegungen zur Bewertung der räumlichen Entwicklung und Planung in Deutschland im Licht der Anforderungen der Agenda 21. In: Raumforschung und Raumordnung Heft Nr. 2–3, S. 103–117.

Hesse, Markus/ Holzapfel, Helmut/ Jerichow, Marion (1995): Flächennutzung, Raumstruktur und Verkehr. Integrierte Ansätze und Instrumente für eine umweltverträgliche Raumentwicklung am Beispiel von Regionen in Hessen und Nordrhein-Westfalen – Projektskizze. Berlin: IÖW, Institut für ökologische Wirtschaftsforschung. (= IÖW-Diskussionspapier 31/ 95).

Hey, Christian (1992a): Der europäische Rahmen für Internalisierungsmaßnahmen. In: Prognos-Schriftenreihe "Identifizierung und Internalisierung externer Kosten der Energieversorgung", Band 8.

Hey, Christian (1992c): Zwischen Dezentralität und Zentralismus. Die geeignete Handlungsebene für eine ökologische Regionalentwicklung in der Europäischen Gemeinschaft. In: Politische Ökologie Heft Nr. 4, S. 30–34.

Hey, Christian (1994b): Die europäische Umweltpolitik. München: Beck-Verlag.

Hey, Christian (1996): The Incorporation of the Environmental Dimension into Freight Transport Policy. The EU Study. Freiburg: EURES-Institute for Regional Studies in Europe. (Contract EV 5V-CT94-0378, Sponsored in the Framework of the SEER Programme of the European Commission, DG XII).

Hey, Christian (1997a): Greening our policies. The case of freight transport. In: Lieferink, Duncan/ Andersen, Mikael Skou (Hrsg.): The innovation of EU environmental policy. (im Erscheinen). Kopenhagen: Akademisk Forlag.

Hey, Christian (1997b): Nachhaltige Mobilität in Europa. Akteure, Institutionen und politische Strategien. Dissertation am Fachbereich Politische Wissenschaft der Freien Universität Berlin. Freiburg.

Hey, Christian/ Brendle, Uwe (1994a): Umweltverbände und EG. Opladen: Westdeutscher Verlag.

Hey, Christian/ Brendle, Uwe (1994b): Towards a new renaissance: A new development model. Part A – Reversing the roll-back of environmental policies in the european union. Brüssel: EEB, European Environmental Bureau.

Hey, Christian/ Jahns-Böhm, Jutta (1989): Ökologie und freier Binnenmarkt. Die Gefahren des neuen Harmonisierungsansatzes, das Prinzip der Gleichwertigkeit und Chancen für verbesserte Umweltstandards in der EG. Freiburg: Öko-Institut.

Holzhey, Michael/ Tegner, Henning (1996): Selbstverpflichtungen – ein Ausweg aus der umweltpolitischen Sackgasse? In: Wirtschaftsdienst Heft Nr. VIII, S. 425–430.

Holzinger, Katharina (1994): Politik des kleinsten gemeinsamen Nenners. Umweltpolitische Entscheidungsprozesse in der EG am Beispiel der Einführung des Katalysatorautos. Berlin: Edition Sigma. (Herausgegeben vom WZB, Wissenschaftszentrum Berlin für Sozialforschung).

Homann, Karl (1996): Sustainability: Politikvorgabe oder regulative Idee? Vortrag auf der Tagung 'Ordnungspolitische Grundfragen einer Politik der Nachhaltigkeit', Freiburg 19–20. 3. 1996. BMWI, Bundesministerium für Wirtschaft, o.O. (Manuskript).

Huber, Michael (1995a): Leadership in the EU Climate Policy: Innovative Policy Making in Policy Networks. Institut für Soziologie, Universität Hamburg. (Workshop "New Nordic Member States and the Impact on EU-Environmental Policy", Sandbjerg, Dänemark).

Huber, Michael/ Liberatore, Angela (1995): A regional approach to the management of global environmental risks. Revised draft (December 1995). Hamburg, Brussels.

Hughes, Kirsty (1996): The 1996 intergovernmental conference and EU enlargement. In: International Affairs Heft Nr. 1, S. 1–8.

Hurrel, Andrew (1993): International Society and the Study of Regimes. In: Rittberger, Volker/ Mayer, Peter (Hrsg.): Regime Theory and International Relations. o.O. S. 49–72.

HWWA, Hamburger Weltwirtschafts-Archiv (1987): Zusammenhang zwischen Strukturwandel und Umwelt, Bd. 2 der Strukturberichterstattung. Hamburg: Weltarchivverlag.

Illeris, Sven (1992): The Herning-Ikast textile industry: an industrial district in West Jutland. In: Entrepreneurship and Regional Development Heft Nr. 1, S. 73–84.

Jachtenfuchs, Markus (1992): Die EG nach Maastricht. Das Subsidiaritätsprinzip und die Zukunft der Integration. In: Europa- Archiv Heft Nr. 10, S. 279–287.

Jachtenfuchs, Markus/ Huber, Michael (1993): Institutional learning in the European Community: the response to the greenhouse effect. In: Liefferink, J.D./ Lowe, P.D./ Mol, A.P.J. (Hrsg.): European Integration and Environmental Policy. London/ New York: Belhaven Press. S. 36–58.

Jänicke, Martin (1986): Staatsversagen. Die Ohnmacht der Politik in der Industriegesellschaft. München, Zürich: Piper.

Jänicke, Martin/ Weidner, Helmut (Hrsg.) (1995): Sucessful environment policy: a critical evaluation of 24 cases. Berlin: Edition Sigma, Rainer Bohn Verlag. (Herausgegeben vom Wissenschaftszentrum Berlin für Sozialforschung).

Jahns-Böhm, Jutta/ Breier, Siegfried (1991): Güterkraftverkehrspolitik und Umweltschutz nach dem EWG-Vertrag. Überrollt der Straßengüterverkehr die Umweltschutzerfordernisse der Europäischen Gemeinschaft? In: EuZW, Heft 17/ 1991, S. 523–530.

Jahns-Böhm, Jutta/ Breier, Siegfried (1992): Die umweltrechtliche Querschnittsklausel des Art. 130r II EWGV. Eine Untersuchung am Beispiel der Güterkraftverkehrspolitik der Europäischen Gemeinschaft. In: EuzW, Heft 2, 1992, S. 49–55.

Janning, Joseph (1996): A German Europe - a European Germany? In: International Affairs Heft Nr. 1, S. 33–42.

Julien, Pierre-André (1996): Globalization: different types of small business behaviour. In: Entrepreneurship and Regional Development Heft Nr. 1, S. 57–74.

Jungnickel, Rolf (1996): Globalisierung: Wandert die deutsche Wirtschaft aus? In: Wirtschaftsdienst Heft Nr. 6, S. 309–316.

Katalyse, Gesellschaft für angewandte Umweltforschung GmbH (Hrsg.) (1994): Möglichkeiten und Probleme bei der Verfolgung und Sicherung nationaler und EU-weiter Umweltschutzziele im Rahmen der europäischen Normung. Vorstudie im Auftrag des Büro für Technologiefolgenabschätzung im Deutschen Bundestag. Köln: Katalyse.

Keohane, R.O. (1984): After Hegemony. Cooperation and Discord in the World Political Economy. o.O.: Princeton.

Knill, Christoph (1995): Staatlichkeit im Wandel. Großbritannien im Spannungsfeld innenpolitischer Reformen und europäischer Integration. Wiesbaden: DUV.

Knödgen, Gabriele (1982): Umweltschutz und industrielle Standortentscheidung. Frankfurt: Campus.

Köddermann, Ralf/ Wilhelm, Markus (1996): Umfang und Bestimmungsgründe einfließender und ausfließender Direktinvestitionen ausgewählter Industrieländer. Entwicklungen und Perspektiven. Gutachten im Auftrag des Bundesministeriums für Wirtschaft. München: Ifo Institut für Wirtschaftsforschung.

Kohler-Koch, Beate (1992): Interessen und Integration. Die Rolle organisierter Interessen im westdeutschen Integrationsprozess. In: Politische Vierteljahresschrift Heft Nr. Sonderheft 23, S. 81–119.

Koopman, Gert Jan/ Mors, Matthias/ Scherp, Jan (1992): Die Klimaherausforderung. Ökonomisch Aspekte der Gemeinschaftsstrategie zur Begrenzung der CO_2-Emissionen. Statistischer Anhang. Lange Reihen gesamtwirtsch. Daten. Brüssel: EG-Kommission, Generaldirektion Wirtschaft und Finanzen. (= Europäische Wirtschaft Nr. 51, Mai 1992).

Krämer, Ludwig (1989): Das Verursacherprinzip im Gemeinschaftsrecht. Zur Auslegung von Art. 130r, EWGV. In: EuGRZ, 1989, S. 353–361.

Krämer, Ludwig (1991): Umweltrecht. In: Groeben/ Thiesing/ Ehlermann (Hrsg.): Kommentar zum EWG-Vertrag., 4. Auflage. o.O.: Nomos. S. 3974–...

Krätke, Stefan (1995): Globalisierung und Regionalisierung. In: Geographische Zeitschrift Heft Nr. 3–4, S. 207–221.

Krätke, Stefan (1996): Regulationstheoretische Perspektiven in der Wirtschaftsgeographie. In: Zeitschrift für Wirtschaftsgeographie Heft Nr. 1–2, S. 6–19.

Krasner, Stephen D. (1983): Structural Causes and Regime Consequences: Regimes as Intervening Variables. In: Krasner, Stephen (Hrsg.): International Regimes. N.Y.: Ithaca.

Krause, Florentin/ Haites, Eric/ Howarth, Richard/ Koomey, Jonathan (1993): Cutting Carbon Emissions: Burden or benefit? The Economics of energy-tax and non-price policies. = Energy Policy in the Greenhouse, Volume two, Part 1. El Cerrito/ California: International Project for sustainable energy paths. (Prepared for the Dutch Ministry of Housing, Physical Planning and Environment).

Kronsell, Annica (1995): A sustainable Impact on the EU. An analysis of the Making of the Fifth Environmental Action Programme. (Workshop "New Nordic Member States and the Impact on EU Environmental Policy", Sandbjerg, Dänemark).

Krugman, Paul (1991): Geography and Trade. Cambridge.

Krugman, Paul (1994): Competetiveness: A Dangerous Obsession. In: Foreign Affairs Heft Nr. 2, S. 28–44.

Krugman, Paul (1996): Wettbewerbsfähigkeit: Eine gefährliche Wahnvorstellung. In: Fricke, Werner/ Fricke, Else (Hrsg.): 1996 – Jahrbuch Arbeit und Technik. Bonn: Dietz. S. 37–49.

Kruse, Heinz (1990): Reform durch Regionalisierung. Eine politische Antwort auf die Umstrukturierung der Wirtschaft. Frankfurt/ New York: Campus.

Kulessa, Margareta E. (1995): Umweltpolitik in einer offenen Volkswirtschaft. Zum Spannungsverhältnis von Freihandel und Umweltschutz. Baden-Baden: Nomos.

Kulessa, Margareta E. (1996): Die Tobinsteuer zwischen Lenkungs- und Finanzierungsfunktion. In: Wirtschaftsdienst Heft Nr. 2, S. 95–104.

Liberatore, A. (1993): Beyond the earth Summit: The European Community Towards Sustainability. EUI Working Paper, European University Institute, Florence, San Domenico (Firenze).

Liefferink, J. Duncan (1995a): Environmental Policy on the Way to Brussels. The Issue of Acidification Between the Netherlands and the European Community. Den Haag: Thesis Landbouw Universiteit Wageningen.

Lindner, Rolf (Hrsg.) (1994): Die Wiederkehr des Regionalen. Über neue Formen kultureller Identität. Frankfurt/ New York: Campus.

Lipietz, Alain (1987): Mirages and Miracles. London.

Loske, Reinhard (1990): Wege zur Klimastabilisierung. Atmosphärenschutz als Herausforderung an Wirtschaft, Politik und Gesellschaft. Berlin: Institut für ökologische Wirtschaftsforschung. (= Schriftenreihe des IÖW 43/ 90).

Lutz, B. (1984): Der kurze Traum immerwährender Prosperität. Eine Neuinterpretation der industriell-kapitalistischen Entwicklung im Europa des 20. Jahrhunderts. Frankfurt/ Main.

Maas, Christoph (1986): Determinanten der Entwicklung und Nutzung umweltfreundlicher Neuerungen in Industriebetrieben. o.O.: TU Berlin.

Maier-Rigaud, Gerhard (1988): Umweltpolitik in der offenen Gesellschaft. Opladen: Westdeutscher Verlag.

Maillat, Denis (1995): Territorial dynamic, innovative milieus and regional policy. In: Entrepreneurship and Regional Development Heft Nr. 2, S. 157–165.

Maillat, Denis/ Lecoq, B. (1992): New technologies and transformation of regional structtures in Europe: The role of the milieu. In: Entrepreneurship and Regional Development Heft Nr. 1, S. 1–20.

Mauch, S.P./ Iten, Rolf/ Weizsäcker, E.U. von/ Jesinghaus, Jochen (1992): Ökologische Steuerreform. Europäische Ebene und Fallbeispiel Schweiz. Zürich: Ruegger
Verlag.

Menzel, Ulrich (1995): Die postindustrielle Revolution. Tertiarisierung und Enstoffli-
chung der postmodernen Ökonomie. In: Entwicklung und Zusammenarbeit Heft
Nr. 4, S. 100–104.

Mette, Stefan (1992): Steuerpolitik zwischen nationaler Souveränität und europäischer
Harmonisierung. In: Politische Vierteljahresschrift Heft Nr. Sonderheft 23, S. 254–
273.

Meyer-Abich, Klaus (1994): Im gemeinsamen Boot? Gewinner und Verlierer beim
Klimawandel. In: Sachs, Wolfgang (Hrsg.): Der Planet als Patient. Über die Widersprüche globaler Umweltpolitik. Berlin, Basel, Boston: Birkhäuser. S. 184–121.

Meyerhoff, Jürgen/ Petschow, Ulrich/ Zundel, Stefan (1995): Ordnungspolitische
Grundfragen einer Politik für eine nachhaltige zukunftsfähige Entwicklung. Endbericht. Gutachten im Auftrag des Bundesministeriums für Wirtschaft. Institut für
ökologische Wirtschaftsforschung gGmbH, Berlin.

Müller-Brandeck-Boquet, Gisela (1993): Von der Fähigkeit des deutschen Föderalismus zur Umweltpolitik. In: Prittwitz, Volker von (Hrsg.): Umweltpolitik als Modernisierungsprozeß. Opladen: Leske + Budrich. S. 103–112.

Narr, Wolf-Dieter/ Schubert, Alexander (1994): Weltökonomie. Die Misere der Politik.
Frankfurt a.M.: Suhrkamp.

Neyer, Jürgen (1995): Das Ende von Metropole und Peripherie? Soziale Inklusion und
Exklusion in der entgrenzten Weltwirtschaft. In: Peripherie, S. 10–29.

Oberthür, Sebastian (1993): Politik im Treibhaus. Die Entstehung des internationalen
Klimaschutzregimes. Berlin: edition sigma.

Oberthür, Sebastian (1995): Der Beitrag internationaler Regime zum Umweltschutz.
Vrhandlungen, Wirkungen, Rückwirkungen. Berlin: i. Erscheinen.

Oberthür, Sebastian (1996a): Die Reflexivität internationaler Regime. Erkenntnise aus
der Untersuchung von drei umweltpolitischen Feldern. In: Zeitschrift für Internationale Beziehungen Heft Nr. 1, S. 7–44.

Oberthür, Sebastian (1996b): Der Beitrag internationaler Regime zum Umweltschutz.
Verhandlungen, Wirkungen, Rückwirkungen. o.O. (Manuskript, in Veröffentlichung bei Edition Sigma, Berlin).

OECD (1993j): Germany. Paris. (= OECD Environmental Performance Reviews).

OECD (1994n): Environmental Indicators. Paris.

OECD (1994p): The environmental effects of trade. Paris.

OECD (1994u): OECD Economic Outlook. Paris.

OECD (1995i): Environmental Taxes in OECD Countries. Paris.

OECD (1995m): Germany 1995. Paris: OECD.

Pellegrom, Sandra (1995): The constraints of daily work in Brussels: how relevant is
the input from national capitals. New Nordic member states and the impact on EC
environmantal policy. University of Leiden, Department of Political Science,
LEIDEN.

Peters, B. Guy (1992): Bureaucratic Poilitics and the Institutions of the European
Community. In: Sbragia, Alberta M. (Hrsg.): Europolitics, Institutions and Po-
licymaking in the "New" European Community. Wasington D.C.: The Brookings
Institution. S. 75–122.

Peters, Guy B. (1994): Agenda-Setting in the European Community. In: Journal of European Public Policy, S. 9–26.

Piore, Michael J./ Sabel, Charles F. (1984): The Second Industrial Divide. Possibilities for Prosperity. New York.

Porter, Michael E. (1990): The Competitive Advantage of Nations. London: Macmillan Press.

Porter, Michael E. (1991): Nationale Wettbewerbsvorteile. Erfolgreiche konkurrieren auf dem Weltmarkt. Droemer Knaur: München.

Prittwitz, Volker von (1984): Umweltaußenpolitik. Grenzüberschreitende Luftverschmutzung in Europa. Frankfurt: Campus.

Prittwitz, Volker von (1988): Several approaches to the analysis of international environmental policy. Contribution to the Conference "What Price Environment?" at the Swedish Institute of International Affairs, June 8–10, 1988, Stockholm. Berlin: Wissenschaftszentrum Berlin für Sozialforschung (WZB). (Veröffentlichungsreihe der Abteilung Normbildung und Umwelt des Forschungsschwerpunkts Technik-Arbeit-Umwelt des WZB, FS I 88–308).

Prittwitz, Volker von (1989): Internationale Umweltregime. Ein Fallvergleich. In: Kohler-Koch, Beate (Hrsg.): Regime in den Internationalen Beziehungen. Baden-Baden: Nomos. S. 225–243.

Prittwitz, Volker von (1993b): Katastrophenparadox und Handlungskapazität. Theoretische Orientierungen der Politikanalyse. In: Héritier, Adrienne (Hrsg.): Policy-Analyse. Kritik und Neuorientierung. Opladen: Westdeutscher Verlag. S. 328–355. (= PVS-Sonderheft 24).

Prittwitz, Volker von (1994): Politikanalyse. Opladen: Leske+ Budrich.

Rehbinder, Eckart/ Stewart (1986): Integration through Law: Europe and the American Experience. Environmental Policy. Berlin: De Gruyter.

Reich, Robert B. (1990): The Power of Public Ideas. Cambridge: Harvard University Press.

Reich, Robert B. (1993): Die neue Weltwirtschaft. Das Ende der nationalen Ökonomie. Frankfurt/ M.: Ullstein. (Originalausgabe "The Work of Nations" New York 1991).

Reich, Robert S. (1990): "Who is us?". In: Harvard Business Review Heft Nr. Jan.– Feb. S. 53–64.

Rengeling, Hans-Werner (Hrsg.) (1993): Umweltschutz und andere Politiken der Europäischen Gemeinschaft. Erste Osnabrücker Gespräche zum deutschen und europäischen Umweltrecht am 26./ 27. November 1992, Referate und Diskussionsberichte. Köln/ Berlin/ Bonn/ München: Carl Heymanns. (= Schriften zum deutschen und europäischen Umweltrecht, Bd. 1).

Rennings, Klaus/ Brockmann, Karl Ludwig/ Bergmann, Heidi (1996): Negotiated agreements in environmental protection: no free- market instrument. o.O.

Röder, Rainer (1996): The Incorporation of the Environmental Dimension in Freight Transport. The German case study. Task 3: Analysis of structural factors influencing incorporation in Germany. Freiburg/ Wiesbaden: EURES-Institute for regional studies in Europe.

Rose, Klaus/ Sauernheimer, Karlhans (1993): Theorie der Außenwirtschaft. (12.), München: Vahlen.

Rosenberger-Balz, Christel/ Schleicher-Tappeser, Ruggero (1991): Perspektiven für einen umweltgerechten Tourismus in Südbaden. In: . (= EURES discussion paper dp-8, ISSN 0938-1805) [Auch in: Schleicher-Tappeser u.a. 1992].

Sachs, Wolfgang (Hrsg.) (1994): Der Planet als Patient. Über die Widersprüche globaler Umweltpolitik. Berlin, Basel, Boston: Birkhäuser.

Scharpf, Fritz W. (1987): Sozialdemokratische Krisenpolitik in Europa. Frankfurt: Campus.

Scharpf, Fritz W. (1992c): Die Handlungsfähigkeit des Staates am Ende des Zwanzigsten Jahrhunderts. In: Kohler-Koch (Hrsg.): Staat und Demokratie in Europa. Opladen: Leske+Budrich. S. 93–115.

Scharpf, Fritz W. (1994a): Optionen eines europäischen Förderalismus in Deutschland und Europa. Frankfurt/ New York: Campus Verlag.

Scharpf, Fritz W. (1994e): Mehrebenenpolitik im vollendeten Binnenmarkt. In: Staatswissenschaften und Staatspraxis Heft Nr. 4, S. 475–501.

Scharpf, Fritz W./ Mohr, Matthias (1994): Efficient Self- Coordination in Policy Networks. A Simulation Study. Köln: MPIFG, Max-Planck-Institut für Gesellschaftsforschung. (= MPIFG Discussion Paper 94/ 1).

Scharpf, Fritz W./ Reissert, Bernd/ Schnabel, Fritz (1976): Politikverflechtung: Theorie und Empirie des kooperativen Föderalismus in der Bundesrepublik. Kronberg.

Schleicher-Tappeser, Ruggero (1992b): Regionale Umweltpolitik. In: Dreyhaupt, F. J. u.a. (Hrsg.): Umwelt Handwörterbuch. Berlin/ Bonn/ Regensburg: Walhalla Fachverlag. (Umweltmanagement in der Praxis für Führungskräfte in Wirtschaft, Politik und Verwaltung, S. 182–188).

Schleicher-Tappeser, Ruggero/ Rosenberger-Balz, Christel/ Hey, Christian (1992): Perspektiven ökologischer Regionalentwicklung in Südbaden. Pfaffenweiler: Centaurus Verlag. (= EURES-Report Nr. 1).

Schleicher-Tappeser, Ruggero/ Strati, Filippo/ Thierstein, Alain/ Walser, Manfred (1996): Sustainable Regional Development. Instruments for Sustainable Regional Devlopment – A European Research Project, 2nd Draft. EURES-Institut u.a. Freiburg u.a.

Schmidt, Volker/ Sinz, Manfred (1993): Gibt es den Norden des Südens? Aspekte regionaler Wettbewerbsfähigkeit in der Europäischen Gemeinschaft. In: Informationen zur Raumentwicklung Heft Nr. 9/ 10, S. 593–615.

Schneider, Gunter/ Sprenger, Rolf-Ulrich (1990): Mehr Umweltschutz in der EG – aber wie? Überlegungen zu einer neuen Strategie der Gemeinschaft beim Einsatz umweltpolitischer Instrumente. In: IFO-Schnelldienst Heft Nr. 16/ 17, Juni 1990, S. 15–32.

Schubert, Alexander (1985): Die internationale Verschuldung. Die Dritte Welt und das transnationale Bankensystem. Frankfurt a.M.: Suhrkamp.

Schumann, Wolfgang (1993): Die EG als neuer Anwendungsbereich für die Policy-Analyse: Möglichkeiten und Perspektiven der konzeptionellen Weiterentwicklung. In: Héritier, Adrienne (Hrsg.): Policy-Analyse. Kritik und Neuorientierung, Sonderheft 24. Opladen: Westdeutscher Verlag. S. 394–431.

Seitz, Konrad (1994): Deutschland und Europa in der Weltwirtschaft von morgen. Partner in der Triade oder Kolonie? In: Merkur, S. 829–849.

Siebert, Horst (1978): Ökonomische Theorie der Umwelt. o.O.

Simonis, Udo Ernst (1992): Kooperation oder Konfrontation: Chancen einer globalen Klimapolitik. In: Aus Politik und Zeitgeschichte Heft Nr. B 16/ 1992, S. 21–32.

Spangenberg, Joachim H. (1995): Ein zukunftsfähiges Europa. Zusammenfassung einer Studie aus dem Wuppertal Institut. Wuppertal Papers, Wuppertal Institut für Klima, Umwelt, Energie, Wuppertal.

Sprenger, Rolf-Ulrich (1991): Ökonomische Anreize für die Umweltpolitik (in) der Europäischen Gemeinschaft: "Brüsseler Instrumenten-Eintopf" oder "Vielfalt der regionalen Rezepte"? In: Wicke, Lutz/ Huckestein, Burhkard (Hrsg.): Umwelt Europa – der Ausbau zur ökologischen Marktwirtschaft. Gütersloh: Bertelsmann. S. 187–224.

Sprenger, Rolf-Ulrich (1992): Umweltschutz als Standortfaktor. München: Friedrich-Ebert-Stiftung. (= Reihe Wirtschaftspolitische Kurse).

SRU, Rat von Sachverständigen für Umweltfragen (1994): Umweltgutachten 1994. Für eine dauerhaft-umweltgerechte Entwicklung. Drucksache 12/ 6995. Bonn: Deutscher Bundestag.

SRU, Rat von Sachverständigen für Umweltfragen (1996a): Umweltgutachten 1996 des Rates von Sachverständigen für Umweltfragen. Zur Umsetzung einer dauerhaft-umweltgerechten Entwicklung. Bonn. (Drucksache 13/ 4108).

Statistisches Bundesamt (1995): Statistisches Jahrbuch für das Ausland. Wiesbaden.

Statistisches Bundesamt (1996a): Außenhandel im ersten Halbjahr 1995 sowie endgültige Ergebnisse 1994. In: Wirtschaft und Statistik Heft Nr. 2, S. 99–104.

Statistisches Bundesamt (1996b): Statistische Monatszahlen. In: Wirtschaft und Statistik Heft Nr. 5, S. 268ff.

Stiftung Entwicklung und Frieden (1995): Globale Trends 1996. Fakten, Analysen, Prognosen. Frankffurt a.M.: Fischer.

Stock, Christian (1996): Après Fordisme? In: iz3w, Blätter des Informationszentrums 3. Welt Heft Nr. 213, S. 34–37.

Storper, Michael (1995): Territories, flows and hierarchies in the global economy. In: Aussenwirtschaft Heft Nr. II, S. 265–293.

Strati, Filippo/ Franci, Marta/ Ferroni, Mario (1996): Con- Versing in Sustainable Development. SRS, Studio Ricerche Sociali, Firenze.

SVR, Sachverständigenrat zur Begutachtung der gesamtwirtschaftlichen Entwicklung (1995): Jahresgutachten 1996/ 96 des Sachverständigenrates zur Begutachtung der gesamtwirtschaftlichen Entwicklung. Drucksache 13/ 3016. Bonn.

Theato, D. (1994): Das Europäische Parlament und der Haushalt der Europäischen Gemeinschaft. Baden-Baden: Nomos.

Thierstein, Alain (1996): Auf der Suche nach der regionalen Wettbewerbsfähigkeit – Schlüsselfaktoren und Einflußmöglichkeiten. In: Raumforschung und Raumordnung Heft Nr. 2–3, S. 193–202.

Thierstein, Alain/ Langenegger, Thomas (1994): Der Prozeß der Internationalisierung: Handlungsspielraum für Regionen? In: Aussenwirtschaft Heft Nr. 4, S. 497–525.

Thomas, Frieder (1992): Vermarktung von Produkten des ökologischen Landbaus an die Gemeinschaftsverpflegung. Fallstudie. Freiburg i.Br.: EURES, Institut für regionale Studien in Europa. (= EURES discussion paper dp-16, ISSN 0938- 1805).

Tindemans-Gruppe/ Tuyll van Serooskerken, Sammy van (Red.) (1996): Welches Europa wollen Sie? Fünf Szenarien für das Europa von morgen. Baden-Baden: Nomos.

Tömmel, Ingeborg (1992): System-Entwicklung und Politikgestaltung in der Europäischen Gemeinschaft am Beispiel der Regionalpolitik. In: Politische Vierteljahresschrift Heft Nr. 23, S. 185–208.

UN, United Nations (1995): Statistical Yearbook 1993. Fortieth Issue. New York.

United Nations Conference on Trade and Development (1995): Handbook of International Trade and Development Statistics. New York, Geneva.

Vernon, R. (1979): Die grundlegenden Triebkräfte der Multinationalisierung. In: Deubner u.a. (Hrsg.): Die Internationalisierung des Kapitals. Frankfurt: Campus.

Viner, Jacob (1950): The Customs Union Issue. Washington, London.

Voss, Gerhard (1996): Stellungnahme der Forschungsstelle Ökonomie/ Ökologie, Institut der deutschen Wirtschaft, Köln. In: Deutscher Bundestag, Enquete-Kommission "Schutz des Menschen und der Umwelt" (Hrsg.): Stellungnahme der Sachverständigen zu dem Fragenkatalog (KDrs 13/ 1) für die öffentliche Anhörung am 29. und 30. April 1996 zum Thema "Nachhaltigskeitskonzepte in der Wirtschaft"., Kommissionsdrucksache 13/ 1 a. Bonn, S. 33–74.

Walter, Ingo (1975): International Economics of Pollution. New York: Macmillan Press.

Ward, Halina (1996): Environmental Unilaterism in the European Union. In: Elni newsletter Heft Nr. 1, S. 2–10.

WBGU, Wissenschaftlicher Beirat der Bundesregierung für Globale Umweltveränderungen (1996): Welt im Wandel – Wege zur Lösung globaler Umweltprobleme. Jahresgutachten 1995. Berlin/ Heidelberg: Springer.

Weidenfeld, Werner/ Turek, Jürgen (1996): Standort Europa. Handeln in der neuen Weltwirtschaft. 2. Auflage. Gütersloh: Verlag Bertelsmann Stiftung. (1. Auflage 1995) [= Strategien für Europa].

Weizsäcker, Christine von (1994): Vielfalt im Verständnis von "Artenvielfalt". In: Sachs, Wolfgang (Hrsg.): Der Planet als Patient. Über die Widersprüche globaler Umweltpolitik. Berlin, Basel, Boston: Birkhäuser. S. 113–135.

Wessels, Wolfgang (1991): The EC Council: The Community's Decisionmaking Center. In: Keohane/ Hoffmann 1991, S. 133–154.

Wildenmann, R. (Hrsg.) (1991): Staatswerdung Europas. Optionen für eine Europäische Union. Baden-Baden: Nomos.

Wolf, Klaus Dieter (1991): Internationale Regime zur Verteilung globaler Ressourcen. Eine vergleichende Analyse der Grundlagen ihrer Entstehung am Beispiel der Regelung des Zugangs zur wirtschaftlichen Nutzung des Meeresbodens, des geostationären Orbits, der Antarktis und zu Wissenschaft und Technologie. Baden-Baden: Nomos.

Worster, Donald (1994): Auf schwankendem Boden. Zum Bergriffswirrwarr um "nachhaltige Entwicklung". In: Sachs, Wolfgang (Hrsg.): Der Planet als Patient. Über die Widersprüche globaler Umweltpolitik. Berlin, Basel, Boston: Birkhäuser. S. 93–112.

WTO, World Trade Organiszation (1995): International Trade, Trends and Statistics 1995. Geneva.

Wuppertal Institut für Klima, Umwelt, Energie (1995b): Zukunftsfähiges Deutschland. Ein Beitrag zu einer global nachhaltigen Entwicklung. Endbericht. Im Auftrag von BUND und Misereor. Wuppertal.

Wuppertal Institut für Klima, Umwelt, Energie (1996): Dänemark: Intelligente Besteuerung der Industrie ab 1996. In: Wuppertal Bulletin zur ökologischen Steuerreform Heft Nr. 1, S. 17.

Wynne, Brian (1993): Implementation of greenhouse gas reductions in the European Community. Institutional and cultural factors. In: Global environmental change Heft Nr. 3, S. 101–127.

Zimmermann, Klaus W./ Kahlenborn, Walter (1994): Umweltföderalismus. Einheit und Einheitlichkeit in Deutschland und Europa. Berlin: Ed. Sigma.

Zürn, Michael (1992): Interessen und Institutionen in der internationalen Politik. Grundlegung und Anwendungen des situationsstrukturellen Ansatzes. Opladen: Leske + Budrich.

Zwiener, Rudolf (1995): Gesamtwirtschaftliche Effekte einer ökologischen Steuerreform. In: Friedrich-Ebert-Stiftung (Hrsg.): Arbeitsmarkt- und beschäftigungspolitische Bedeutung einer ökologischen Steuerreform. Gesprächskreis Arbeit und Soziales, Band 56. o.O. S. 23–36.

Druck: Weihert-Druck GmbH, Darmstadt
Bindearbeiten: Buchbinderei Schäffer, Grünstadt